おいしい韓国語

鄭 銀淑

SANSHUSHA

鶏を丸ごと水炊きしたタッカンマリ、豚バラ肉を脂を落としながら焼くサムギョプサル、牛の肉や骨をじっくり煮込んだソルロンタンなど、2004年頃からの"韓流"以前には、日本人にはあまり知られていなかった韓国料理が、今ではすっかりおなじみになりました。日本円で400〜500円で、ご飯とスープにキムチやナムルなどのおかずが5〜6品付くこと。おか

ずは野菜中心でしかもおかわり自由。3食外食しても野菜不足にならないこと。いつでもどこでも食べられるキムチはビタミンや乳酸菌が豊富で、韓国料理にたっぷり使われる唐辛子にはダイエット効果があること、などが人気の理由でしょうか？　本書を片手に、本場の韓国料理の食べ歩きと、韓国人とのコミュニケーションを楽しんでください。

目次

1
**お店で食べる
いちばんやさしいフレーズ集**

お店に入る　010

注文をする　012

お願いをする　014

値段をたずねる　016

気持ちを伝える　018

支払いをする　020

お店を電話予約する　022

photo column 1
美しいハルモニ　024

2
韓国らしいお店で楽しむ
いちばんやさしいフレーズ集

伝統茶室で韓方茶をいただく 1　026

伝統茶室で韓方茶をいただく 2　028

伝統菓子店でおみやげを買う　030

宮廷料理 (韓定食) をいただく 1　032

宮廷料理 (韓定食) をいただく 2　034

伝統酒店で民俗酒をいただく 1　036

伝統酒店で民俗酒をいただく 2　038

食器を買う 1　040

食器を買う 2　042

photo column 2
唐辛子の収穫　044

3

さまざまな韓国料理を楽しむ
お店や地方別のフレーズ集

大衆食堂 046

お粥専門店 048

参鶏湯専門店 050

冷麺専門店 052

ビビンバ専門店 054

牛焼肉店1 056

牛焼肉店2 058

豚焼肉店1 060

豚焼肉店2 062

ソルロンタン専門店 064

鍋料理専門店1 066

鍋料理専門店2 068

粉もの(軽食)専門店 070

軽食の屋台 072

ビアホール 074

フードコート 076

釜山の味 078

済州島の味 080

全州の味 082

全羅南道の味 084

慶州の味 086

安東の味 088

江原道の味 090

家庭料理 092

photo column 3
バスターミナルの風景 094

4

ソウルや釜山をもっと楽しむ
目的別のフレーズ集

南大門市場でキムチを買う 096

南大門市場で海苔を買う 098

東大門市場の屋台で食べる、飲む 100

広蔵市場の屋台で食べる、飲む 102

牡丹民俗市場で食べる、飲む 104

釜山のチャガルチ市場で刺身を食べる 106

photo column 4
離島散歩 108

5

おなじみの韓国料理 "アイウエオ" 順 用語集

- アグチム・オジオポックム・オデン　110-111
- カムジャタン・カルククス・カルビ・カルビタン　112-113
- キムチ・キムチチゲ・キムパプ・ククパプ　114-115
- ケジャン・ケランマリ・コプチャンポックム・コルベンイムチム　116-117
- サムギョプサル・サムゲタン・サンナクチフェ・シクケ　118-119
- ジャジャンミョン・スントゥブチゲ・センソンクイ　120-121
- ソジュ・ソルロンタン・タクカルビ・タクトリタン　122-123
- タクハンマリ・チキン・チョクパル・チョンジュ　124-125
- ジョッカル・チョンポチュク・テチュチャ・テンジャンチゲペクパン　126-127
- トゥプジョンゴル・トクポキ・トプパプ・ トトリムクムチム　128-129
- ナムル・ナクチポックム・ネンミョン　130-131
- ハンジョンシク・パジョン　132-133
- ピビムパプ・ピンス・フェ・プデチゲ　134-135
- プルコギ・ヘジャンクク・ヘムルタン・ポシンタン　136-137
- ポクチリ・ポクプンジャジュ・ホンオフェ・マクコルリ　138-139
- マンドゥクク・メジュ・メミルククス・ユクケジャン・ラミョン　140-141

photo column 5
小さな市場の屋台街　142

> ※この本の例文は、口語として通じやすいこと、韓国人に聞きとってもらいやすいことを優先していますので、助詞が省略されていたり、文法的には正確ではないものも含まれています。また、韓国語発音のカタカナ表記は、発声したときに韓国語らしく聞こえるようにしています。例えば、「キムチ」の半角文字の「ム」は英語の「m」のような無声音の気持ちで、「ククパプ」の半角文字の「ク」は「ッ」に近い気持ちで、半角文字の「プ」は「ッ」に近く、 最後は口を閉じる気持ちで発音すると、聞きとってもらいやすいでしょう。
> ※1章から4章の右ページ下のWordsには、例文中の単語と入れ替えることのできる単語を示してあります。

1
お店で食べる
いちばんやさしいフレーズ集

韓国料理のお店で食事するために必要な、
基本的な言葉を集めています。

お店に入る

日本人観光客が韓国語を一生懸命に話そうとする姿は、
韓国人の目にも微笑ましく映ります。
忙しい店員さんからよい接客を受けたときは、
「コマプスムニダ(ありがとうございます)」
を返すと感じがよいでしょう。

안녕하세요.
アンニョンハセヨ
こんにちは(おはようございます、こんばんは)

지금, 영업해요?
チグム ヨンオパヘヨ
今、営業していますか?

두 명이에요.
トゥ ミョンイエヨ
2人です。

예약한 ○○예요.
イェヤカン ○○エヨ
予約した○○です。

자리 있어요?
チャリ イッソヨ
席はありますか?

여기 앉아도 돼요?
ヨギ アンジャド デヨ
ここに座ってもいいですか?

좌식테이블석이 좋아요.
チャシクテイブルソギ　チョアヨ
座敷がいいです。

테이블석이 좋아요.
テイブルソギ　チョアヨ
テーブル席がいいです。

저쪽 자리로 옮겨도 돼요?
チョッチョクチャリロ　オムキョド　テヨ
あちらの席に移ってもいいですか？

Words

한 명 [ハンミョン]　1人

세 명 [セミョン]　3人

네 명 [ネミョン]　4人

다섯 명 [タソッミョン]　5人

창가쪽 좌석 [チャンガチョクチャソク]　窓側の席

이쪽 자리로 [イッチョクチャリロ]　こちらの席に

개인룸 [ケインルム]　個室

＊店員さんにはできるだけ早く自分が外国人であることに気づいてもらったほうがいいでしょう。そうすればカタコトの韓国語を聞き取ろうと熱心に耳を傾けてくれるはずです。

注文をする

店員さんの注文の聞きまちがいを避けるためには、
下記の例文の空白部分を区切って、
はっきりと発音し、
個数を示すために指を立てたりする
ボディランゲージを加えるといいでしょう。

여기요.
ヨギョ
すみません（店の人を呼ぶ）

이거 주세요.
イゴ　ジュセヨ
これをください。

이거 이 인분 주세요.
イゴ　イ　インブン　ジュセヨ
これを2人分ください。

맥주 한 병 주세요.
メクジュ　ハンビョン　ジュセヨ
ビールを1本ください。

물 주세요.
ムル　ジュセヨ
水をください。

○○ 있어요?
○○　イッソヨ
○○はありますか？

○○ 없어요?
○○ オプソヨ
○○はないですか？

맵지 않게 해 주세요.
メプチ アンケ ヘ ジュセヨ
辛くしないでください。

맛있게 해 주세요.
マシッケ ヘ ジュセヨ
美味しくしてくださいね。

Words

저거 [チョゴ] あれを

한 개 [ハンケ] ひとつ

두 개 [トゥゲ] ふたつ

일 인분 [イリンブン] 1人分

삼 인분 [サミンブン] 3人分

두 병 [トゥビョン] 2本

세 병 [セビョン] 3本

맵게 [メプケ] 辛く

*日本で食堂の人に「美味しくしてくださいね」などと言ったら失礼になりますが、韓国では普通に使う表現です。「よろしくお願いします」くらいの気持ちで使ってみましょう。

お願いをする

自己主張の強い韓国では「お客様は神様」は
店ではなくお客側の言葉かもしれません。
よいサービスを受けるための主張は
日本の3割増しくらいがちょうどいいでしょう。

주문하고 싶은데요.
チュムンハゴ　シップンデヨ
注文したいのですが。

○○ 먹고 싶은데요.
○○　モッコ　シップンデヨ
○○が食べたいのですが。

○○ 마시고 싶은데요.
○○　マシゴ　シップンデヨ
○○が飲みたいのですが。

개인룸으로 하고 싶은데요.
ケインルムロ　ハゴ　シップンデヨ
個室にしたいのですが。

포장해 주세요.
ポジャンヘ　ジュセヨ
包装してください。

이것 좀 더 주세요.
イゴッ チョム トォ ジュセヨ
これをもう少しください。

먹는 법 가르쳐 주세요.
モンヌン ボプ カルチョ ジュセヨ
食べ方を教えてください

싸게 해 주세요.
サゲ ヘ ジュセヨ
安くしてください。

이거 치워 주세요.
イゴ チウォ ジュセヨ
これを片づけてください。

Words

테이블석 [テイブルソク]　テーブル席

좌식테이블석 [チャシクテイブルソク]　座敷

교환 [キョハン]　交換

추가 [チュカ]　追加

안내 [アンネ]　案内

청소 [チョンソ]　掃除

마시는 법 [マシヌン ボプ]　飲み方

＊○○ハゴ シップンデヨ（○○したいのですが）は、○○ヘ ジュセヨ（○○してください）より控えめで、感じのよい表現です。

値段をたずねる

グルメとショッピングが目玉の韓国旅行では、
金額の確認はとても重要です。
特に○○ウォンの発音と聞き取りは繰り返し練習するといいでしょう。
自信がないときは金額を書いてもらったり、
電卓に打ってもらったりしましょう。

일 인분에 얼마예요?
イリンブネ　　オルマエヨ
1人分いくらですか？

하나에 얼마예요?
ハナエ　　オルマエヨ
ひとついくらですか？

한 접시에 얼마예요?
ハン　チョプシエ　　オルマエヨ
一皿いくらですか？

한 병에 얼마예요?
ハン　ビョンエ　　オルマエヨ
1瓶いくらですか？

전부 얼마예요?
ジョンブ　オルマエヨ
全部でいくらですか？

일 킬로에 얼마예요?
イル　キルロエ　　オルマエヨ
1キロいくらですか？

좀 싸게 해 주세요.
チョム サゲ ヘ ジュセヨ
少し安くしてください。

다섯 개 살 테니 싸게 해 주세요.
タソッ ケ サル テニ サゲ ヘ ジュセヨ
5個買うから安くしてください。

열 개에 삼 만원에 안 돼요?
ヨル ケエ サム マノネ アン デヨ
10個で3万ウォンになりませんか?

Words

이 킬로 [イー キルロ]　2キロ

삼 킬로 [サム キルロ]　3キロ

세 개 [セゲ]　3個

열 개 [ヨルケ]　10個

이만원 [イーマノン]　2万ウォン

사만원 [サーマノン]　4万ウォン

오만원 [オーマノン]　5万ウォン

＊値切りに応じてくれない場合は、「おまけ」をお願いしてみましょう。「クロム ドミラド ジュセヨ（それじゃあ、何かおまけを付けてください）」と言えばよいでしょう。

気持ちを伝える

韓国人は言葉のコミュニケーションを重視するので、
日本人と比べると
相手の気持ちを察したりするのが得意ではありません。
韓国人に対しては「率直な表現」を
心がけるといいでしょう。

맛있어요.
マシッソヨ
おいしいです。

너무 맛있어요.
ノム　マシッソヨ
とても、おいしいです。

매우면서 맛있어요.
メウミョンソ　マシッソヨ
辛くて、おいしいです。

개운하면서 맛있어요.
ケウナミョンソ　マシッソヨ
さっぱりして、おいしいです。

매워요.
メウォヨ
辛いです。

달아요.
タルラヨ
甘いです。

짜요.
チャヨ
しょっぱいです。

양이 많아요.
ヤンイ　マナヨ
量が多いです。

잘 먹었습니다.
チャル　モゴッスミダ
ごちそうさまでした。

> **Words**
>
> 달면서 [タルミョンソ]　甘くて
>
> 고소하면서 [コソハミョンソ]　香ばしくて
>
> 부드러우면서 [プドゥロウミョンソ]　やわらかくて
>
> 감칠맛이 있으면서 [カムチルマシイッスミョンソ]　コクがあって
>
> 시어요 [シオヨ]　酸っぱいです
>
> 싱거워요 [シンゴウォヨ]　味が薄いです
>
> 뜨거워요 [トゥゴウォヨ]　熱いです
>
> 딱딱해요 [タクタクヘヨ]　固いです

＊食堂の料理は塩分が多いことがあるので、自分で卓上塩を加えて食べる場合は、塩分控えめを心がけ、つきだしのキムチやナムルを味のアクセントにするようにしましょう。

支払いをする

韓国では政府がクレジットカードの使用を
奨励していることもあって、
数千、数万ウォン(数百～数千円)単位の支払でも、
カード決済をためらうことはありません。

계산해 주세요.
ケサンヘ　ジュセヨ
お勘定をしてください。

삼만원이죠?
サム マノン イジョ
3万ウォンですね?

가격을 써 주세요.
カギョグル ソ　ジュセヨ
値段を書いてください。

갈비 이 인분하고 맥주 한 병이에요.
カルビ イ インブンハゴ メクジュ ハン ビョンイエヨ
カルビ2人分とビール1本です。

다시 한번 확인해 주세요.
タシ ハンボン ハギンヘ　ジュセヨ
もう一度確認してください。

거스름돈 주세요.
コスルムトン　ジュセヨ
おつりをください。

이 카드 쓸 수 있어요?
イ カードゥ スル ス イッソヨ
このカードは使えますか？

암호번호를 입력할게요.
アモボノルル　　イブリョクハルッケヨ
暗証番号を入力します。

사인할게요.
サインハルッケヨ
サインします。

Words

만원 [マノン]　1万ウォン

만오천원 [マンオーチョノン]　1万5000ウォン

이만원 [イーマノン]　2万ウォン

이만오천원 [イーマンオーチョノン]　2万5000ウォン

삼 인분 [サミンブン]　3人分

두 병 [トゥビョン]　2本

＊計算を済ませてお店を去るときは、「スゴハセヨ〜（おつかれさま、がんばってください）」の言葉を残すと感じがよいでしょう。これはタクシーを降りるときにも使えます。

お店を電話予約する

日本語が通じない店では、
まず自分が日本人であることを伝え、
予約をしたいことや
日時、人数、名前を
はっきり伝えるようにしましょう。

여보세요, 「○○」입니까?
ヨボセヨ　　　○○　　イムニカ
もしもし、「○○」ですよね?

일본사람인데, 예약하고 싶어요.
イルボンサラミンデ　イェヤクカゴ　シッポヨ
日本人なんですが、予約したいです。

내일 저녁 일곱 시 두 명이에요.
ネイル　チョニョク　イルゴプ　シ　トゥ　ミョンイエヨ
明日の夜7時、2名です。

자리 있어요?
チャリ　イッソヨ
席はありますか?

몇 시정도면 자리가 있어요?
ミョッシチョンドミョン　チャリガ　イッソヨ
何時なら席がありますか?

그럼, 그 시간에 갈게요.
クロム　クー　シガネ　カルッケヨ
では、その時間に行きます。

이름은 ○○예요.
_{イルムン ○○ エヨ}
名前は○○です。

삼만원코스 이 인분 부탁해요.
_{サム マノンコス イ インブン プタケヨ}
3万ウォンのコースを2人分お願いします。

개인룸 부탁해요.
_{ケインルム プタケヨ}
個室をお願いします。

Words

오늘 [オヌル]　今日

내일모레 [ネイルモレ]　明後日

여섯 시 [ヨソッシ]　6時

세 명 [セミョン]　3名

오만원 [オーマノン]　5万ウォン

삼 인분 [サミンブン]　3人分

사 인분 [サーインブン]　4人分

*宮廷料理などの高級店は電話予約したほうが無難です。コース料理は想像以上に量が多いので、食べたいと思ったコースのワンランク下のコースでも満足できるかもしれません。

photo column 1
美しいハルモニ

田舎町の市場で、昔のままの姿でパジョンを焼くハルモニ（おばあさん）と出会いました。涼しげな白い韓服。ひっつめ髪。6畳ほどの小さな店を1人で切り盛りするハルモニは90歳。この市場で50年以上を過ごしています。うつむき加減に鉄板と向き合う表情は少し険しいのですが、よく見ると、とても美しい人でした。
韓国の市場や屋台には80歳を超えても元気で働く人の姿がよく見られます。

忠清北道の忠州公設市場で出会ったハルモニ

2
韓国らしいお店で楽しむ
いちばんやさしいフレーズ集

ソウルの仁寺洞や三清洞、郊外の利川などの
韓国情緒たっぷりのお店で
使える言葉を集めています。

伝統茶室で韓方茶をいただく 1

韓国に着いたら、
まず訪れたいのが伝統茶室。
木を多く使った落ち着いた空間で
おいしいお茶を飲んで移動の疲れを癒し、
旅のプランを考えてみてはいかがでしょう。

차 마실까요?
チャ　マシルカヨ
お茶をしましょうか？

오미자차 있어요?
オミジャチャ　イッソヨ
五味子（ごみし）茶はありますか？

유자차 있어요?
ユジャチャ　イッソヨ
柚子茶はありますか？

이거 쓴가요?
イゴ　スンガヨ
これは苦いですか？

이거 단가요?
イゴ　タンガヨ
これは甘いですか？

026

오미자차하고 유자차 주세요.
オミジャチャハゴ　　ユジャチャ　　ジュセヨ
五味子茶と柚子茶をください。

대추차하고 쌍화차 주세요.
テチュチャハゴ　　サンファチャ　ジュセヨ
ナツメ茶と双和茶をください。

인삼차 두 잔 주세요.
インサムチャ トゥジャン ジュセヨ
高麗人参茶を2杯ください。

Words

생강차 [センガンチャ]　生姜茶

계피차 [ケッピチャ]　シナモンティー

모과차 [モグァチャ]　カリン茶

국화차 [ククァチャ]　菊花茶

매실차 [メシルチャ]　梅の実茶

한 잔 [ハンジャン]　1杯

세 잔 [セジャン]　3杯

＊ナツメ茶や双和茶、高麗人参茶などは薬効はありますが、口当たりがよいとは言えません。
あっさりしたお茶が好きな人は、緑茶（ノクチャ）や柚子茶を選びましょう。

伝統茶室で韓方茶をいただく 2

お店によっては、
お茶に韓菓(伝統菓子)が付いてきたり、
メニューのひとつになっていたりします。
夜は伝統酒を出すお店もあります。

이거 차가운 차예요?
イゴ　チャガウン　チャエヨ
これは冷たいお茶ですか？

이거 따뜻한 차예요?
イゴ　タドゥタン　チャエヨ
これはあたたかいお茶ですか？

한과도 함께 나오나요?
ハンクァド　ハムケ　ナオナヨ
韓国のお菓子は付きますか？

모듬떡 주세요.
モドゥムトク　ジュセヨ
お餅の盛り合わせをください。

유과 주세요.
ユグァ　ジュセヨ
揚げ菓子をください。

뜨거운 물 넣어 주세요.
トゥゴウン ムル ノォ ジュセヨ
お湯を入れてください

술 있어요?
スル イッソヨ
お酒はありますか？

동동주 주세요.
トンドンジュ ジュセヨ
トンドン酒をください。

Words

수정과 [スジョングァ] 水正果

식혜 [シクケ] 麦芽汁

계피차 [ケッピチャ] シナモンティー

녹차 [ノクチャ] 緑茶

감잎차 [カムニプチャ] 柿の葉茶

단팥죽 [タンパッチュク] おしるこ

＊伝統茶室でお茶を頼むと、韓国のお菓子をサービスで付けてくれる店があります。
気に入ったら、おみやげとして買い求めてもいいでしょう。

伝統菓子店でおみやげを買う

仁寺洞(インサドン)には
伝統菓子店が点在しています。
日もちするものなら、日本へのおみやげに。
生菓子なら、店内でも、
歩きながらでもいただけます。

떡 주세요.
トク　ジュセヨ
おモチをください。

경단 주세요.
キョンダン　ジュセヨ
お団子をください。

이거 주세요.
イゴ　ジュセヨ
これをください。

이거 세개 주세요.
イゴ　セゲ　ジュセヨ
これを3つください。

이거 한 조각 주세요.
イゴ　ハン　チョガク　ジュセヨ
これを1ピースください。

언제까지 먹을 수 있어요?
オンジェカジ　モグル　ス　イッソヨ
いつまで食べられますか？

선물용으로 섞어 줄 수 있어요?
ソンムルヨンウロ　ソックォジュルス　イッソヨ
おみやげ用の詰め合わせはできますか？

예쁘게 포장해 주시겠어요?
イェップゲ　ポジャンヘ　ジュシゲッソヨ
かわいく包装してもらえますか？

여기서 먹어도 돼요?
ヨギソ　モゴド　デヨ
ここで食べてもいいですか？

Words

강정 [カンジョン]　おこし

다식 [タシク]　練り菓子

꿀타래 [クルタレ]　練り飴

조각 떡케익 [チョガクトクケイク]　餅ショートケーキ

떡케익 [ホール]　餅ケーキ

하나 [ハナ]　1つ

두 개 [トゥル]　2つ

＊伝統菓子店は「ロッテ」「現代（ヒョンデ）」「新世界（シンセゲ）」などの大きなデパートの地下食料品売場にもかならずあり、品数も豊富です。

宮廷料理(韓定食)をいただく 1

辛いものが少なく、品数の多い宮廷料理は、
年齢や性別、嗜好を問わずに楽しむことができます。
店員さんによる料理の説明も楽しみです。

전화로 예약한 ○○예요.
チョナロ　イェヤクァン　　○○エヨ
電話で予約した○○です。

○○코스 삼 인분 주세요.
○○コス　　サミンブン　ジュセヨ
○○コース3人分ください

저쪽 자리로 옮겨도 돼요?
チョッチョク チャリロ　オムキョド　　デヨ
あちらの席に移ってもいいですか？

어떤 술이 잘 어울려요?
オットン　スリ　チャル　オウリョヨ
お酒は何がおすすめですか？

안동소주 주세요.
アンドンソジュ　ジュセヨ
安東焼酎をください。

『대장금』에 나온 요리 있어요?
テジャングム　エ　ナオン　ヨリ　イッソヨ
『大長今』に出た料理はありますか？

이거 어떻게 먹어요?
イゴ　オットッケ　モゴヨ
これはどうやって食べますか？

이거 매워요?
イゴ　メウォヨ
これは辛いですか？

Words
문배주 [ムンベジュ] ムンベ酒
이강주 [イガンジュ] イガン酒
매실주 [メシルジュ] 梅酒
맥주 [メクジュ] ビール
소주 [ソジュ] 焼酎
달아요 [タラヨ] 甘いです

＊宮廷料理といえば、九節板（クジョルパン）と神仙炉（シンソンロ）の2品が代表格です。この両方を味わいたかったら、6万ウォン以上のコースを頼むといいでしょう。

宮廷料理(韓定食)をいただく 2

品数が多いので、
一品一品律儀に食べ切ろうとしたら、
すぐにお腹がいっぱいになってしまいます。
王様になったつもりで、
ひと口ずつ試食するようにいただきましょう。

이제 먹어도 돼요?
イジェ　モゴド　テヨ
もう食べられますか？

이거 뭐예요?
イゴ　モエヨ
これは何ですか？

이거 해조예요?
イゴ　ヘチョエヨ
これは海藻ですか？

이것 좀 더 주실 수 있어요?
イゴッ チョム トォ ジュシル ス イッソヨ
これをもう少しもらえますか？

천천히 갖다 주세요.
チョンチョニ カッタ ジュセヨ
ゆっくり持って来てください。

공기밥 하나 더 주세요.
コンギパブ　ハナ トォ ジュセヨ
ご飯をもう一杯ください。

이거 하나 더 주세요.
イゴ　ハナ　トォ　ジュセヨ
これをもうひとつください。

이거 치워 주세요.
イゴ　チウォ　ジュセヨ
これを片づけてください。

물 주세요.
ムル　ジュセヨ
お水をください。

Words

고기 [コギ]　肉

생선 [センソン]　魚

야채 [ヤチェ]　野菜

콩 [コン]　豆

과일 [クァイル]　果物

차 [チャ]　お茶

＊宮廷料理のディナーコースはとても量が多く、しかも注文は2人分からが基本です。
2〜3万ウォン程度のランチコースでも醍醐味は十分味わうことができるでしょう。

伝統酒店で民俗酒をいただく 1

伝統酒店とは
昔の民家の雰囲気を再現した居酒屋のこと。
料理の種類も豊富でボリュームもあるので、
夕ご飯のお店としても使えます。

술 한 잔 어때요?
スル ハンジャン オッテヨ
一杯いかがですか?

세 명인데 자리 있어요?
セ ミョンインデ チャリ イッソヨ
3人ですが、席はありますか?

개인룸 있어요?
ケインルム イッソヨ
個室はありますか?

좌식테이블석 있어요?
チャシクテイブルソク イッソヨ
座敷はありますか?

여기 앉아도 돼요?
ヨギ アンジャド デヨ
ここに座ってもいいですか?

동동주 주세요.
トンドンジュ ジュセヨ
トンドン酒をください。

도수 약한 술 주세요.
ドス ヤッカン スル ジュセヨ
弱いお酒をください。

인기 있는 안주 뭐예요?
インキ インヌン アンジュ モエヨ
人気のおつまみは何ですか？

해물파전 주세요.
ヘムルパジョン ジュセヨ
海鮮チヂミをください。

Words

네 명 [ネミョン]　4人

다섯 명 [タソッミョン]　5人

백세주 [ペクセジュ]　百歳酒

복분자주 [ポクブンジャジュ]　山イチゴ酒

매실주 [メシルジュ]　梅酒

두부김치 [トゥブキムチ]　豆腐キムチ

감자전 [カムジャジョン]　ジャガイモチヂミ

＊伝統酒店のトンドン酒は、本来のトンドン酒（清酒）ではなく、マッコリ（にごり酒）に近いもののことです。高麗人参を加えた人参（インサム）トンドン酒を出す店もあります。

伝統酒店で民俗酒をいただく 2

韓国人はにぎやかな飲み会が大好きです。
いっしょにお酒を飲む機会があったら、
彼らのノリに合わせて飲んでみましょう。
もちろん飲みすぎには注意です。

건배!
コンベ
乾杯!

한국을 위해 건배!
ハンググル ウィヘ コンベ
韓国に乾杯!

원샷!
ウォンシャッ
一気飲みしましょう!

술이 약해요.
スリ ヤクケヨ
お酒が弱いのです。

술이 세요.
スリ セヨ
お酒が強いですね。

기분이 좋아요.
キブニ チョアヨ
気分がいいです。

취했어요.
チヘッソヨ
酔っ払いました。

더 이상 못 마셔요.
ト　イサン　モン　マショヨ
もう飲めません。

물 주세요.
ムル　ジュセヨ
お水をください。

Words

일본 [イルボン]　日本

○○씨 [○○シ]　○○さん

나빠요 [ナッパヨ]　悪いです

차 [チャ]　お茶

쥬스 [ジュス]　ジュース

콜라 [コルラ]　コーラ

사이다 [サイダ]　サイダー

＊韓国では、杯が空になってからお酒を注ぐのがマナーです。相手がお酒を注いで来たら、杯を空けて受けると喜ばれますが、それを続けていると、酔いつぶれてしまいます。

食器を買う 1

韓定食の店では
趣のある食器を愛でるのも
楽しみのひとつです。
お洒落な食器店はソウル市内なら
仁寺洞や三清洞(サムチョンドン)に集まっています。

봐도 돼요?
パド テヨ
見物してもいいですか?

다기 있어요?
タギ イッソヨ
茶器はありますか?

술잔 있어요?
スルジャン イッソヨ
酒器はありますか?

이거 뭘 넣으면 어울려요?
イゴ ムォル ノウミョン オウリョヨ
これは何を入れたら似合いますか?

한국전통차에 어울리는 잔 있어요?
ハングクチョントンチャエ オウリヌン ジャン イッソヨ
韓国伝統茶が似合う器はありますか?

만져 봐도 돼요?
マンジョ パド テヨ
さわってもいいですか?

저것 좀 보여 주세요.
チョゴッ チョム ポヨ ジュセヨ
あれを見せてください。

이거랑 다른 색깔 있어요?
イゴラン タルン セッカル イッソヨ
これの色違いはありますか？

이것보다 큰 거 있어요?
イゴッポダ クン ゴ イッソヨ
これのもっと大きいものはありますか？

Words

과자접시 [クァジャチョプシ]　菓子器

커피 [コピ]　コーヒー

한국전통주 [ハングクジョントンジュ]　韓国伝統酒

청주 [チョンジュ]　清酒

이것 [イゴッ]　これを

그것 [クゴッ]　それを

작은 거 [チャクンゴ]　小さいもの

＊食器のお店では博物館を見学するように見て歩いても大丈夫です。お店の人に何か話しかけられたら、クニャン ポゴ イッスル プニエヨ（ただ見ているだけです）と答えましょう。

食器を買う 2

食器をもっと見たければ、
ソウルからバスで約90分の利川（イチョン）に出かけてみましょう。
地元では"沙器マッコル"と呼ばれる沙音里（サウムリ）に
ショップや窯元が集まっています。

이거 너무 맘에 들어요.
イゴ　ノム　マウメ　ドゥロヨ
これがとても気に入りました。

이거 맘에 들지 않아요.
イゴ　マウメ　トゥルジ　アナヨ
これは気に入りません。

이거 하나에 얼마예요?
イゴ　ハナエ　オルマエヨ
これはひとついくらですか？

세 개 사면 싸게 주나요?
セ　ゲ　サミョン　サゲ　ジュナヨ
3つ買ったら安くなりますか？

전부 ○○원에 안 돼요?
ジョンブ　○○　ウォネ　アン　デヨ
全部で○○ウォンになりませんか？

그럼 이거 주세요.
クロム　イゴ　ジュセヨ
では、これをください。

선물용으로 포장해 주세요.
ソンムルヨンウロ　ポジャンヘ　ジュセヨ
プレゼント用に包装してください。

깨지지 않게 포장해 주세요.
ケッジジ　アンケ　ポジャンヘ　ジュセヨ
割れないように包装してください。

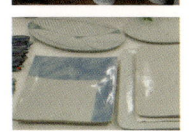

하나하나 포장해 주세요.
ハナハナ　ポジャンヘ　ジュセヨ
ひとつひとつ包装してください。

Words

두 개 [トゥゲ]　2つ

네 개 [ネゲ]　4つ

다섯 개 [タソッケ]　5つ

오만원 [オーマノン]　5万ウォン

십만원 [シマノン]　10万ウォン

십오만원 [シボーマノン]　15万ウォン

이십만원 [イーシマノン]　20万ウォン

＊利川は米どころとしても有名です。沙音里には、おいしいご飯に、大衆的な惣菜が添えられた定食を1万ウォン程度で出すお店もあるので、立ち寄ってみるといいでしょう。

photo column 2
唐辛子の収穫

「唐辛子は下から上に向かって取るといいよ」と、お手本を見せてくれた農家のおじさんが、もぎたての赤唐辛子をひとつ私にくれました。太陽の光と熱をたっぷり吸収し、さわるとヤケドするのではと思うほど鮮やかに赤く実った唐辛子をガブリとかじってみます。口中に広がるのは辛味ではなく果物のような甘味。その後からさわやかな辛味がやってきました。

ソウルからバスで2時間の槐山（ケサン）の畑でもいだ唐辛子

3
さまざまな韓国料理を楽しむ
お店や地方別のフレーズ集

参鶏湯、冷麺、ソルロンタンなど、
韓国料理は専門店が多いのが特徴です。
それぞれのお店で使える言葉を集めています。

大衆食堂

韓国には24時間営業や
早朝から営業している大衆食堂も
少なくありません。
定食類がひと通り揃っているので、
朝食にぴったりです。

지금, 영업 해요?
チグム　　ヨンオプ　ヘヨ
今、営業していますか？

김치찌개 주세요.
キムチチゲ　　ジュセヨ
キムチチゲをください。

김치찌개 삼 인분 주세요.
キムチチゲ　サミンブン　ジュセヨ
キムチチゲを3人分ください。

일 인분은 맵지 않게 해 주세요.
イリンブヌン　メプチ　アンケ　ヘ　ジュセヨ
1人分は辛くしないでください。

된장찌개하고 순두부찌개 주세요.
テンジャンチゲハゴ　　スンドゥブチゲ　　ジュセヨ
テンジャンチゲとスンドゥブチゲをください。

북어국 있어요?
プゴクク　　イッソヨ
干しスケソウダラ汁はありますか？

오늘 백반 뭐예요?
オヌル　ペクパン　モエヨ
日替わり定食のおかずはなんですか？

이것 좀 더 주세요.
イゴッ チョム トォ ジュセヨ
これをもう少しください。

Words

동태찌개 [トンテチゲ]　タラの鍋

생선구이 [センソンクイ]　焼き魚

부대찌개 [プデチゲ]　ハムやソーセージの鍋

칼국수 [カルククス]　韓国式うどん

만두국 [マンドゥクク]　餃子鍋

김밥 [キムパプ]　海苔巻

맵게 [メプケ]　辛く

＊大衆食堂でご飯をおかわりすると、たいてい1000ウォンかかりますが、空のお椀を見せながら、「もう少しください」と言えば、無料でもらえることもあります。

お粥専門店

辛いものに疲れた胃にお粥はぴったり。
持ち帰りもできるので、
ホテルでゆっくり食べることもできます。
チェーン店が増えたので、
見つけやすくなりました。

야채죽 있어요?
ヤチェチュク　イッソヨ
野菜粥はありますか？

내장 넣은 전복죽 있어요?
ネジャン　ノウン　チョンボクチュク　イッソヨ
内臓入りのアワビ粥はありますか？

야채죽하고 닭죽 주세요.
ヤチェチュクハゴ　タクチュク　ジュセヨ
野菜粥と鶏粥をください。

소고기죽 삼 인분 주세요.
ソコギチュク　サミンブン　ジュセヨ
牛肉粥を3人分ください。

김치 좀 더 주세요.
キムチ　チョム　トォ　ジュセヨ
キムチをもう少しください。

물김치 좀 더 주세요.
ムルキムチ チョム トォ ジュセヨ
水キムチをもう少しください。

나물 좀 더 주세요.
ナムル チョム トォ ジュセヨ
ナムルをもう少しください。

야채죽 포장해 주세요.
ヤチェチュク ポジャンヘ ジュセヨ
野菜粥を持ち帰りにしてください。

Words

내장 뺀 [ネジャンペン] 内臓抜きの
이 인분 [イインブン] 2人分
버섯죽 [ポソッチュク] キノコ粥
삼계죽 [サムゲチュク] 参鶏粥
팥죽 [パッチュク] 小豆粥
해물죽 [ヘムルチュク] 海鮮粥
호박죽 [ホバクチュク] カボチャ粥

＊お粥は韓国らしい料理とはいえませんが、辛いものやしょっぱいものが続いているときは、オアシスのように感じられるやさしい味です。特に朝食としておすすめです。

参鶏湯専門店

辛くなくて、鶏が丸ごと味わえて、コラーゲンたっぷり。
韓国旅行中、一度は食べるという人も多い参鶏湯(サムゲタン)。
最近は女性向けのハーフサイズを出すお店もあります。

삼계탕 이 인분 주세요.
サムゲタン　イ　インブン　ジュセヨ
参鶏湯を2人分ください。

반삼계탕 있어요?
パンサムゲタン　イッソヨ
ハーフサイズ(半参鶏湯)はありますか？

삼계탕하고 반삼계탕 주세요.
サムゲタンハゴ　パンサムゲタン　ジュセヨ
参鶏湯と半参鶏湯をください。

오골계탕 있어요?
オゴルゲタン　イッソヨ
烏骨鶏湯はありますか？

닭도리탕 있어요?
タクトリタン　イッソヨ
鶏煮込みはありますか？

인삼주도 함께 나오나요?
インサムジュド　ハムケ　ナオナヨ
人参酒も付きますか？

김치 좀 더 주세요.
キムチ　チョム トォ　ジュセヨ
キムチをもう少しください。

깍두기 좀 더 주세요.
カクトゥギ　チョム トォ　ジュセヨ
カクテキをもう少しください。

Words

삼 인분 [サミンブン]　3人分

닭백숙 [タクペクスク]　鶏蒸し煮

한방삼계탕 [ハンバンサムゲタン]　韓方参鶏湯

풋고추 [プッコチュ]　青唐辛子

마늘 [マヌル]　ニンニク

맥주 [メクジュ]　ビール

사이다 [サイダ]　サイダー

*参鶏湯は卓上塩を加えて好みの塩加減で食べますが、鶏肉のおいしさを味わいたいなら、塩は加えず、塩分はキムチやカクテキで補ってもいいでしょう。

冷麺専門店

水冷麺をいただくとき、
酢は麺に、和がらしはスープに加えるのが通だとか。
ビビン冷麺はかなり辛いのですが、
韓国人はこれを「さっぱりする」と表現します。

물냉면 이 인분 주세요.
ムルネンミョン イ インブン ジュセヨ
水冷麺を2人分ください。

물냉면하고 비빔냉면 주세요.
ムルネンミョンハゴ ビビムネンミョン ジュセヨ
水冷麺とビビン冷麺をください。

돼지고기편육 하나 주세요.
トゥエジコギピョニュク ハナ ジュセヨ
茹で豚肉をひとつください。

육수 있어요?
ユクス イッソヨ
牛肉スープはありますか？

면 좀 잘라 주세요.
ミョン チョム チャルラ ジュセヨ
麺を切ってください。

면 자르지 마세요.
ミョン チャルジ　　マセヨ
麺を切らないでください。

이거 식초예요?
イゴ　　　シクチョエヨ
これは酢ですか？

이거 겨자예요?
イゴ　　　キョジャエヨ
これは和がらしですか？

Words

삼 인분 [サミンブン]　3人分

회냉면 [フェネンミョン]　刺身ビビン冷麺

온면 [オンミョン]　温麺

어복쟁반 [オボクチェンバン]　北朝鮮式寄せ鍋

냉면사리 [ネンミョンサリ]　替え玉

칡냉면 [チクネンミョン]　葛（くず）冷麺

만두 [マンドゥ]　水餃子

＊冷麺専門店ではあたたかい牛肉スープをやかんでサービスしていますので、自分でコップに注いで自由に飲むことができます。冷麺で冷えたおなかをあたためましょう。

ビビンバ専門店

日本では石焼きが有名ですが、
実はあたためた食器に盛られたものが
本来の全州式ビビンバです。
素材のひとつひとつに施された
ていねいな味付けを楽しんでみましょう。

돌솥비빔밥 이 인분 주세요.
トルソッピビムパプ　イ　インブン　ジュセヨ
石焼ビビンバを2人分ください。

돌솥비빔밥하고 전주비빔밥 주세요.
トルソッピビムパプハゴ　ジョンジュピビムパプ　ジュセヨ
石焼ビビンバと全州ビビンバをください。

하나는 ○○ 빼 주실래요?
ハナヌン　○○　ペ　ジュシルレヨ
ひとつは○○を抜いてもらえますか？

산채비빔밥 있어요?
サンチェビビムパプ　イッソヨ
山菜ビビンバはありますか？

어떻게 먹어요?
オットッケ　モゴヨ
どうやって食べますか？

해 주시겠어요?
ヘ　ジュシゲッソヨ
やってもらえますか？

고추장 좀 더 주세요.
コチュジャン チョム トォ　ジュセヨ
コチュジャンをもう少しください。

콩나물냉국 좀 더 주세요.
コンナムルネンクク　チョム トォ　ジュセヨ
冷製モヤシスープをもう少しください。

Words

삼 인분 [サミンブン]　3人分

육회비빔밥 [ユケビビムバブ]　ユッケビビンバ

야채비빔밥 [ヤチェビビムバブ]　野菜ビビンバ

육회 [ユケ]　ユッケ

해물파전 [ヘムルパジョン]　海鮮チヂミ

은행 [ウネン]　銀杏

대추 [テチュ]　ナツメ

＊見た目が美しいため、混ぜるのが惜しい気がするビビンバですが、思い切り混ぜて複合味を楽しんでみましょう。モヤシスープをひとさじ加えると、混ぜやすくなります。

牛焼肉店 1

豊富なつきだし、肉を包む葉野菜、噛む味を楽しむ肉質など、
日韓の焼肉は違う点たくさんあります。
まったく別の料理として味わうことが
韓国焼肉を楽しむコツです。

여기 ○○ 맞죠?
ヨギ　○○　マッチョ
この店は○○ですよね？

좌식테이블석으로 해 주세요.
チャシクテイブルソクロ　　ヘ　ジュセヨ
座敷がいいです。

갈비 이 인분 주세요.
カルビ　イ　インブン　ジュセヨ
カルビを2人分ください。

갈비 이 인분하고 등심 이 인분 주세요.
カルビ　イ　インブンハゴ　トゥンシム　イ　インブン　ジュセヨ
カルビ2人分とロース2人分ください。

불고기 삼 인분하고 맥주 한 병 주세요.
プルコギ　サミンブンハゴ　　メクジュ　ハンビョン　ジュセヨ
プルコギ3人分とビール1本ください。

일 인분 주문해도 돼요?
イリンブン　チュムンヘド　デヨ
1人分でもいいですか？

생갈비 있어요?
センカルビ　イッソヨ
味付けしていないカルビはありますか？

돼지고기 있어요?
トゥエジコギ　イッソヨ
豚肉はありますか？

Words

테이블석 [テイブルソク]　テーブル席

두 병 [トゥビョン]　2本

양념갈비 [ヤンニョムカルビ]　味付けカルビ

육회 [ユケ]　ユッケ

소주 [ソジュ]　焼酎

공기밥 [コンギパブ]　ご飯

삼겹살 [サムギョプサル]　豚三枚肉

돼지갈비 [トゥェジカルビ]　豚カルビ

＊日本と違い、韓国の焼肉店は2人分からの注文が基準ですが、日本人観光客の多い店では、
　1人分からの注文を受け付ける店もありますので、確認してみましょう。

牛焼肉店 2

日本の焼肉店では肉をたくさん頼まないと
お店の人にわがままを言いにくい雰囲気がありますが、
韓国では網の交換もつきだしのおかわりも
遠慮はいりません。

갈비 이 인분 더 주세요.
カルビ イ インブン トォ ジュセヨ
カルビをもう2人分ください。

상추 좀 더 주세요.
サンチュ チョム トォ ジュセヨ
サンチュをもう少しください。

깻잎 좀 더 주세요.
ケンニプ チョム トォ ジュセヨ
エゴマの葉をもう少しください。

불판 좀 갈아 주세요.
プルパン チョム カラ ジュセヨ
網を換えてください。

불 좀 약하게 해 주세요.
プル チョム ヤクカゲ ヘ ジュセヨ
火を弱くしてください。

숯불 좀 더 넣어 주세요.
スップル チョム トォ ノォ ジュセヨ
炭を足してください。

맥주 한 병 더 주세요.
メクジュ ハンビョン トォ ジュセヨ
ビールをもう1本ください。

냉면 있어요?
ネンミョン イッソヨ
冷麺はありますか？

물냉면 이 인분 주세요.
ムルネンミョン イ インブン ジュセヨ
水冷麺を2人分ください。

Words

마늘 [マヌル] ニンニク

파무침 [パムチム] 千切りネギ

버섯 [ポソッ] キノコ

사라다 [サラダ] サラダ

양파 [ヤンパ] タマネギ

세게 [セゲ] 強く

된장찌개 [テンジャンチゲ] 味噌鍋

＊日本の焼肉店は、冷麺や温麺などの麺類、ユッケジャンやクッパなどの食事のメニューが豊富ですが、韓国の焼肉店では水冷麺、テンジャンチゲ、ご飯があるくらいです。

豚焼肉店 1

日本とのちがいが
気になりやすい牛焼肉と違って、
肉の柔らかさ、値段の手ごろさなどから、
外れがないといわれるのが
韓国の豚焼き肉です。

여기 ○○ 맞죠?
ヨギ　○○　マッチョ
この店は○○ですよね？

테이블석으로 해 주세요.
テイブルソクウロ　　ヘ　ジュセヨ
テーブル席がいいです。

앞치마 빌릴 수 있어요?
アプチマ　ピルリル　ス　イッソヨ
エプロンを貸してもらえますか？

삼겹살 이 인분 주세요.
サムギョプサル　イ　インブン　ジュセヨ
豚3枚肉を2人分ください。

돼지갈비 삼 인분 주세요.
トゥエジカルビ　サミンブン　ジュセヨ
豚カルビを3人分ください。

삼겹살 이 인분하고 맥주 한 병 주세요.
サムギョプサル イ インブンハゴ メクジュ ハンビョン ジュセヨ
豚3枚肉を2人分とビール1本ください。

일 인분 주문해도 돼요?
イリンブン チュムンヘド デヨ
1人分でもいいですか?

소고기 있어요?
ソゴギ イッソヨ
牛肉はありますか?

Words

갈매기살 [カルメギサル] 豚の横隔膜

목살 [モクサル] 豚の首肉

소주 [ソジュ] 焼酎

콜라 [コルラ] コーラ

공기밥 [コンギパプ] ご飯

소갈비 [ソカルビ] 牛カルビ

소불고기 [ソプルコギ] 牛プルコギ

＊豚焼肉は牛焼肉と違って油はねが激しく、気がつかないうちに服を汚したり、臭いがついたりしていますので、かならずお店のエプロンを借りましょう。

豚焼肉店 2

サムギョプサル(豚三枚肉)は
日本でもすっかりおなじみですが、
味に変化をつけたいなら、
脂の少ない首肉や、
甘いタレで味付けした豚カルビがおすすめです。

이제 먹어도 돼요?
イジェ　モゴド　テヨ?
もう食べられますか？

삼겹살 이 인분 더 주세요.
サムギョプサル　イ　インブン　トォ　ジュセヨ
豚三枚肉をもう2人分ください。

상추 좀 더 주세요.
サンチュ チョム トォ　ジュセヨ
サンチュをもう少しください。

쌈장 좀 더 주세요.
サムジャン チョム トォ　ジュセヨ
味噌ダレをもう少しください。

참기름장 좀 더 주세요.
チャムギルムジャン チョム トォ　ジュセヨ
ゴマ油と塩をください。

마늘 호일구이 좀 해 주세요.
マヌル　　　ホイルクイ　チョム ヘ ジュセヨ
ニンニクをホイル焼きにしてください。

불판 좀 갈아 주세요.
プルパン チョム カラ ジュセヨ
網を換えてください。

불 좀 강하게 해 주세요.
プル チョム カンハゲ ヘ ジュセヨ
火を強くしてください。

숯불 좀 더 넣어 주세요.
スップル チョム トォ ノォ ジュセヨ
炭を足してください。

Words

깻잎 [ケンニカ] エゴマの葉

김치 [キムチ] キムチ

풋고추 [プッコチュ] 青唐辛子

버섯 [ポソッ] キノコ

사라다 [サラダ] サラダ

양파 [ヤンパ] タマネギ

약하게 [ヤクカゲ] 弱く

＊牛豚問わず、焼肉店ではサンチュ、キムチ、ナムル、ニンニク、唐辛子、キノコ、タマネギスライス、サラダなどは無料なので、遠慮なく追加をお願いしましょう。

ソルロンタン専門店

参鶏湯と並んで、
辛くなくて食べやすいのが
牛骨と牛モツを煮込んだソルロンタンです。
焼肉以上に牛のおいしさを楽しめる料理と
言ってもいいでしょう。

설렁탕 이 인분 주세요.
ソルロンタン　イ　インブン　ジュセヨ
ソルロンタン2人分ください。

특설렁탕 주세요.
トゥクソルロンタン　ジュセヨ
上(特)ソルロンタンをください。

설렁탕하고 도가니탕 주세요.
ソルロンタンハゴ　トガニタン　ジュセヨ
ソルロンタンとトガニタン(牛ゼラチンスープ)をください。

국물 많이 주세요.
ククムル　マニ　ジュセヨ
スープをたくさんください。

소자 있어요?
ソッジャ　イッソヨ
小さいものはありますか？

밥 좀 더 주세요.
パプ チョム トォ ジュセヨ
ご飯をもう少しください。

김치 좀 더 주세요.
キムチ チョム トォ ジュセヨ
キムチをもう少しください。

깍두기 좀 더 주세요.
カクトゥギ チョム トォ ジュセヨ
カクテキをもう少しください。

Words

삼 인분 [サミンブン] 3人分

보통 [ボトン] 並

파 [パ] ネギ

수육 [スユク] 茹で牛肉

꼬리곰탕 [コリコムタン] テール肉スープ

갈비탕 [カルビタン] カルビ肉スープ

맥주 [メクジュ] ビール

＊ソルロンタンの味は韓国人にとっては淡白なので、アクセントとしてキムチやカクテキが欠かせません。そのため、ソルロンタン専門店のキムチは味がいいと言われています。

鍋料理専門店 1

韓国の鍋物の具は
鶏肉、牛肉、海産物、キノコなどさまざまです。
定食用の1人分の小鍋、みんなで囲む大鍋など、
さまざまな状況で楽しめるようになっています。

닭한마리 주세요.
タクハンマリ　ジュセヨ
タッカンマリください。

한 마리 더 주세요.
ハン　マリ　トォ　ジュセヨ
もう一羽ください。

해물탕 중자 주세요.
ヘムルタン　チュンジャ　ジュセヨ
ヘムルタンの中をください。

해물탕 소자 주세요.
カムジャタン　ソッジャ　ジュセヨ
カムジャタンの小をください。

부대찌개 삼 인분 주세요.
プデチゲ　サミンブン　ジュセヨ
プデチゲを3人分ください。

라면 넣어 주세요.
ラミョン　ノォ　ジュセヨ
ラーメンを入れてください。

이제 먹어도 돼요?
イジェ　モゴド　テヨ
もう食べてもいいですか？

○○ 일 인분 추가해 주세요.
○○　イリンブン　チュカヘ　ジュセヨ
○○を1人分追加してください。

맥주 한 병 주세요.
メクジュ　ハンビョン　ジュセヨ
ビールを1本ください。

Words

대자 [テジャ]　大

이 인분 [イインブン]　2人分

떡 [トク]　モチ

면 [ミョン]　韓国ウドン

공기밥 [コンギバプ]　ご飯

당면 [タンミョン]　春雨

치즈 [チージュ]　チーズ

*数ある鍋物のなかでも、日本女性に受けがいいのは、淡白な味のタッカンマリ（鶏の水炊き）と、少し辛めの味付けでご飯が進むプデチゲ（ハムやソーセージの鍋）です。

鍋料理専門店 2

韓国には鍋物の店が多く、
競争が激しいため、
お客のさまざまな注文に
がんばって応えようとしています。
日本のみなさんも少しわがままになっても大丈夫です。

맵지 않게 해 주세요.
メプチ　アンケ　ヘ　ジュセヨ
辛くしないでください。

마늘 적게 넣어 주세요.
マヌル　チョッケ　ノォ　ジュセヨ
ニンニクを少なくしてください。

개인접시 세 개 주세요.
ケインチョプシ　セ　ゲ　ジュセヨ
小皿を3つください。

불 좀 세게 해 주세요.
プルチョム　セゲ　ヘ　ジュセヨ
火を強くしてください

불 좀 약하게 해 주세요.
プルチョム　ヤクカゲ　ヘ　ジュセヨ
火を弱くしてください。

국물 좀 더 주세요.
ククムル　チョム　トォ　ジュセヨ
スープを足してください。

소스 좀 하나 더 주세요.
ソス　チョム　ハナ　トォ　ジュセヨ
タレをもう1つください。

밥 볶아 주세요.
パプ　ポッカ　ジュセヨ
チャーハンを作ってください。

Words

맵게 [メプケ]　辛く

고추 [コチュ]　唐辛子

하나 [ハナ]　1つ

두 개 [トゥゲ]　2つ

공기밥 [コンギパプ]　ご飯

꺼 [コ]　止めて

국자 [ククジャ]　オタマ

＊ヘムルタンなど魚介類の入った鍋は、唐辛子やニンニクを効かせたものが多いので、辛いものが苦手な人は、注文するときに伝えたほうがいいでしょう。

粉もの(軽食)専門店

日本で言えば立ち食いそば屋さんのように
気楽に利用できるのが粉食(プンシク)と呼ばれる軽食店。
粉ものが中心ですが、
カレーやオムライス、トンカツなどの洋食もあります。

라면 두 개 주세요.
ラミョン　トゥゲ　ジュセヨ
ラーメンを2つください。

맵지 않게 해 주세요.
メプチ　アンケ　ヘ　ジュセヨ
辛くしないでください。

우동하고 김밥 주세요.
ウドンハゴ　キムパプ　ジュセヨ
ウドンと海苔巻きをください。

수제비하고 물만두 주세요.
スジェビハゴ　ムルマンドゥ　ジュセヨ
すいとんと水餃子をください。

김밥 두 개 포장해 주세요.
キムパプ　トゥゲ　ポジャンヘ　ジュセヨ
海苔巻きを2つ持ち帰りにしてください。

참치김밥 있어요?
チャムチキムパプ　　イッソヨ
シーチキン海苔巻きはありますか？

반찬은 어디예요?
パンチャヌン　オディエヨ
おかずはどこですか？

물과 반찬은 셀프인가요?
ムルクァ　パンチャヌン　セルプインガヨ
水とおかずはセルフサービスですか？

Words

치즈라면 [チージュラミョン]　チーズラーメン

맵게 [メプケ]　辛く

떡볶이 [トクポッキ]　トッポッキ

칼국수 [カルククス]　韓国ウドン

소고기김밥 [ソゴギキムパプ]　牛肉海苔巻き

김치김밥 [キムチキムパプ]　キムチ海苔巻き

치즈김밥 [チージュキムパプ]　チーズ海苔巻き

＊最近は店内の一カ所にキムチやタクアン、スープや水などのセルフサービスコーナーがあるお店が増え、お客が好きなだけよそえるようになっています。

軽食の屋台

町のいたるところに軽食の屋台がある韓国は、
まさに"間食天国"ですが、
3食をしっかり食べているのに
間食をし過ぎると体調を崩しますので
注意しましょう。

이거 얼마예요?
イゴ　　オルマエヨ
これはいくらですか？

오뎅 하나 주세요.
オデン　ハナ　ジュセヨ
オデンをひとつください。

호떡 두 개 주세요.
ホトク　トゥ　ゲ　ジュセヨ
ホットックを2つください。

떡볶이하고 순대 주세요.
トクポッキハゴ　　スンデ　ジュセヨ
トッポッキとスンデをください。

떡볶이 이천원어치 포장해 주세요.
トクポッキ　イーチョノンオチ　ポジャンヘ　ジュセヨ
トッポッキ2000ウォン分、持ち帰りにしてください。

이거 천원어치 주세요.
イゴ　チョノンオチ　ジュセヨ
これを1000ウォン分ください。

토스트 하나 주세요.
トーストゥ　ハナ　ジュセヨ
トーストをひとつください。

설탕 넣지 마세요.
ソルタン　ノァジ　マセヨ
砂糖を入れないでください。

Words

저거 [チョゴ]　あれを

고구마튀김 [コグマティギム]　サツマイモの揚げ物

옥수수 [オクスス]　トウモロコシ

군밤 [クンバム]　焼き栗

삼천원어치 [サムチョノンオチ]　3000ウォン分

케찹 [ケチャヂ]　ケチャップ

붕어빵 [プンオパン]　たい焼き

＊トーストとはバターをぬって焼いた2枚の食パンの間に卵焼きやキャベツを挟み、ケチャップや砂糖で味付けしたもののこと。韓国のOLの気軽な朝食として人気があります。

ビアホール

ビアホールと言っても、
韓国では「ホプ(HOF)」と呼ばれる小さなお店が主流です。
つまみはフライドチキンやソーセージがメイン。
夏場は店の外に置かれた簡易テーブルで
夜風に吹かれながら生ビールを飲むことができます。

생맥주 오백씨씨 두 잔 주세요.
センメクジュ　オベクシシ　トゥジャン　ジュセヨ
生ビール500ccを2杯ください。

생맥주 피처 주세요.
センメクジュ　ピチョ　ジュセヨ
生ビールをピッチャーでください。

오백씨씨 한 잔 더 주세요.
オベクシシ　ハンジャントォ　ジュセヨ
500ccをもう1杯ください。

오백씨씨 한 잔하고 소주 한 병 주세요.
オベクシシ　ハンジャンハゴ　ソジュ　ハンビョン　ジュセヨ
500cc1本と焼酎1本ください。

후라이드치킨 주세요.
フライドゥチキン　ジュセヨ
フライドチキンをください。

치킨무우 좀 더 주세요.
チキンムウ　チョム トォ　ジュセヨ
大根の角切りをもう少しください。

모듬소세지 주세요.
モドゥム　ソセジ　ジュセヨ
ソーセージの盛り合わせをください。

모듬과일 주세요.
モドゥムクァイル　ジュセヨ
フルーツの盛り合わせをください。

Words

세 잔 [セジャン]　3杯

두 병 [トゥビョン]　2本

양념치킨 [ヤンニョムチキン]　味付けチキン

매운치킨 [メウンチキン]　辛いチキン

마른오징어 [マルンオジンオ]　スルメ

골뱅이무침 [コルベンイムチム]　巻貝の和え物

계란말이 [ケランマリ]　タマゴ焼き

＊日本の「中生」に当たるのが「500cc」です。韓国のビールは日本のものと比べると苦味やコクが少なく、あっさりしているので、物足りなく感じる人がいるかもしれません。

フードコート

デパートやショッピングセンターなどの
上階や地階、東大門市場などの
ファッションビルにあるフードコートでは、
韓国の庶民の味のほとんどを
味わうことができます。

식권판매소 어디예요?
シクォンパンメソ　オディエヨ
食券売り場はどこですか？

자장면하고 쌈밥 주세요.
ジャジャンミョンハゴ　サムパプ　ジュセヨ
ジャージャー麺と葉野菜包みご飯をください。

캘리포니아롤하고 철판볶음밥 주세요.
ケリポニアロルハゴ　チョルパンポックムパプ　ジュセヨ
カリフォルニアロールと鉄板チャーハンをください。

양푼비빔밥 있어요?
ヤンプンピビムパプ　イッソヨ
ボウル入りのビビンバはありますか？

양푼비빔밥 이 인분 주세요.
ヤンプンピビムパプ　イ　インブン　ジュセヨ
ボウル入りのビビンバを2人分ください。

양푼 하나에 삼 인분 주세요.
ヤンプン　ハナエ　サミンブン　ジュセヨ
ひとつのボウルに3人分ください。

쌈밥코너는 어디예요?
サムバブコノヌン　　オディエヨ
葉野菜包みご飯のコーナーはどこですか？

물은 어디예요?
ムルン　　オディエヨ
水はどこですか？

식기반납구 어디예요?
シクキバンナブグ　　オディエヨ
食器はどこに返しますか？

Words

산채비빔밥 [サンチェビビムバブ]　山菜ビビンバ

초밥 [チョバブ]　寿司

○○세트 [○○セトゥ]　○○セット

○○정식 [○○ジョンシク]　○○定食

떡볶이 [トクボッキ]　トッポッキ

물냉면 [ムルネンミョン]　水冷麺

판메밀국수 [パンメミルククス]　ざるそば

＊フードコートで女性に人気のメニューといえば、ボウルに入ったビビンバです。
大きいサイズを頼んで、韓国の女学生やOLのようにみんなでつついて食べてみましょう。

釜山の味

韓国第2の都市で、国際港でもある
釜山には多彩な食文化があります。
水産物が集まるので、お刺身がおいしいのは
もちろん、豚クッパやミル(小麦粉)麺など
ソウルではあまり見られない料理もあります。

돼지국밥 이 인분 주세요.
トゥエジクッパ　イ　インブン　ジュセヨ
豚クッパを2人分ください。

하나는 밥을 따로 주세요.
ハナヌン　パブル　タロ　ジュセ
ひとつはご飯と別にしてください。

부추 좀 더 주세요.
プチュ　チョム　トォ　ジュセヨ
ニラをもう少しください。

밀면 이 인분 주세요.
ミルミョン　イ　インブン　ジュセヨ
ミル麺を2人分ください。

맵지 않게 해 주세요.
メプチ　アンケ　ヘ　ジュセヨ
辛くしないでください。

면 좀 잘라 주세요.
ミョン　チョム　チャルラ　ジュセヨ
麺を切ってください。

면 자르지 마세요.
ミョンチャルジ　マセヨ
麺を切らないでください。

복지리 주세요.
ポクチリ　ジュセヨ
フグチリをください。

복매운탕 주세요.
ポクメウンタン　ジュセヨ
フグの辛いスープをください。

Words

삼 인분 [サミンブン]　3人分

양파 [ヤンパ]　タマネギ

풋고추 [プッコチュ]　青唐辛子

비빔밀면 [ビビムミルミョン]　ビビンミル麺

육수 [ユクス]　牛肉スープ

공기밥 [コンギパプ]　ご飯

복어회 [ポゴフェ]　ふぐ刺身

※豚クッパは釜山や慶尚道の一部でよく食べられている料理です。韓国人は豚肉を煮込んだ匂いが苦手な人が多いのですが、とんこつ味に慣れている日本人には人気があります。

済州島の味

海に囲まれているため、
太刀魚やアマダイ、アワビ、ウニなどの
魚介が有名ですが、
豊かな自然に育まれた黒豚の焼肉や
キジ肉のしゃぶしゃぶや馬肉なども試してみましょう。

내장 넣은 전복죽 이 인분 주세요.
ネジャン ノウン チョンボクチュク イ インブン ジュセヨ
内臓入りのアワビ粥を2人分ください。

성게국하고 옥돔구이 주세요.
ソンゲククハゴ オクトムクイ ジュセヨ
ウニ汁とアマダイ焼きをください。

오분자기뚝배기 주세요.
オブンジャギトゥクペギ ジュセヨ
トコブシ鍋をください。

전복회가 좀 먹고 싶은데요.
チョンボクフェガ チョム モクコ シップンデヨ
アワビの刺身を少し食べたいのですが。

갈치회 있어요?
カルチフェ イッソヨ
太刀魚の刺身はありますか?

흑돼지 이 인분 주세요.
フクトゥエジ イ インブン ジュセヨ
黒豚を2人分ください。

상추 좀 더 주세요.
サンチュ チョム トォ　ジュセヨ
サンチュをもう少しください。

꿩샤브샤브 이 인분 주세요.
クォンシャブシャブ　イ　インブン　ジュセヨ
キジのしゃぶしゃぶを2人分ください。

꿩회 있어요?
クォンフェ イッソヨ
キジの刺身はありますか?

Words

해물뚝배기 [ヘムルトゥクペギ]　海鮮鍋

전복뚝배기 [チョンボクトゥクペギ]　アワビ鍋

갈치구이 [カルチクイ]　太刀魚焼き

갈치조림 [カルチチョリム]　太刀魚の辛煮

말고기회 [マルコギフェ]　馬刺

양파 [ヤンパ]　タマネギ

버섯 [ポソッ]　キノコ

＊内臓入りのアワビ粥は、鮮度のよいアワビが入荷するところでしか味わえない高級品です。
　ゴマ油と内臓が混じると、なんとも香ばしい味と香りがします。

全州の味

豊かな食材に恵まれた全羅北道(チョンラプクド)のなかでも
食の都として有名です。
ビビンバや韓定食、豆モヤシクッパ、マッコリなど、
味に自信の専門店が集まっています。

전주비빔밥 주세요.
ジョンジュビビムパプ　ジュセヨ
全州ビビンバをください。

어떻게 먹죠?
オットッケ　モクチョ
どうやって食べますか？

해 주실래요?
ヘ　ジュシルレヨ
やってもらえますか？

○○코스 이 인분 주세요.
○○コス　イ　インブン　ジュセヨ
○○コースを2人分ください。

콩나물국밥 이 인분 주세요.
コンナムルククパプ　イ　インブン　ジュセヨ
豆モヤシクッパを2人分ください。

맵지 않게 해 주세요.
メプチ　アンケ　ヘ　ジュセヨ
辛くしないでください。

막걸리 두 통 주세요.
マクコルリ トゥ トン ジュセヨ
マッコリを2人分ください。

막걸리 한 통 더 주세요.
マクコルリ ハン トン トォ ジュセヨ
マッコリを追加してください。

이것 좀 더 주세요.
イゴッ チョム トォ ジュセヨ
これをもう少しください。

Words

삼 인분 [サミンブン]　3人分

돌솥비빔밥 [トルソッピビムパプ]　石焼きビビンバ

육회비빔밥 [ユクェビビムパプ]　ユッケビビンバ

가정식백반 [カジョンシクペクパン]　家庭料理風定食

김치 [キムチ]　キムチ

김 [キム]　海苔

공기밥 [コンギパプ]　ご飯

＊ビビンバや豆モヤシクッパに次ぐ全州名物といえば、やはりマッコリです。10,000〜12,000ウォンで、ヤカン入りマッコリと10数皿のおつまみが楽しめるので、おすすめです。

全羅南道の味

干がたでとれる滋養たっぷりのイイダコ、
海の幸を発酵させた濃厚な塩辛、
珍味・エイのお刺身など、
全羅南道(チョンラナムド)には韓国料理の
上級者向けの味覚が集まっています。

연포탕 삼 인분 주세요.
ヨンポタン　サミンブン　ジュセヨ
ヨンポタン3人分ください。

갈치조림 이 인분 주세요.
カルチチョリム　イ　インブン　ジュセヨ
太刀魚の辛煮を2人分ください。

산낙지 이 인분 주세요.
サンナクチ　イ　インブン　ジュセヨ
活き手長ダコを2人分ください。

나무젓가락에 말아 주실래요?
ナムチョッカラゲ　マルア　ジュシルレヨ
ハシに巻いてもらえますか？

잘라 주실래요?
チャルラ　ジュシルレヨ
切ってもらえますか？

낙지비빔밥 있어요?
ナクチ ピビムパプ　イッソヨ
手長ダコのビビンバはありますか？

홍어회 주세요.
ホンオフェ　ジュセヨ
エイの刺身をください。

너무 삭지 않은 것으로 주세요.
ノム　サクチ　アヌン　ゴスロ　ジュセヨ
あまり発酵していないものをください。

홍탁삼합 있어요?
ホンタクサマブ　イッソヨ
エイ刺・蒸し豚・キムチの盛り合わせとマッコリはありますか？

Words

갈낙탕 [カルナクタン]　カルビと手長ダコの鍋

고등어조림 [コドゥンオチョリム]　サバの辛煮

잘 삭힌 것 [チャルサキンゴ]　よく発酵しているもの

홍어찜 [ホンオチム]　エイの蒸し煮

떡갈비정식 [トクカルビジョンシク]　牛カルビハンバーグ風定食

막걸리 [マッコルリ]　マッコリ

굴비정식 [クルビジョンシク]　イシモチ定食

＊ホンタクサマブ（洪濁三合）とは、洪＝エイ、濁＝マッコリ、三合＝エイ刺身＋蒸し豚＋キムチのこと。"珍味中の珍味"エイ刺身も、こうすれば食べやすくなります。

慶州の味

見どころが多いわりに、
食の面で強い個性はありませんが、
市街や観光スポット付近にはサムパプ定食や
高級韓定食の店が多集まっています。
人気の慶州(キョンジュ)パンの本店(皇南パン)があることでも有名です。

쌈밥정식 이 인분 주세요.
サムパプジョンシク イ インブン ジュセヨ
葉野菜包みご飯定食を2人分ください。

상추 좀 더 주세요.
サンチュチョム トォ ジュセヨ
サンチュをもう少しください。

삼겹살 이 인분 더 주세요.
サムギョプサル イ インブン トォ ジュセヨ
豚三枚肉を2人分追加してください。

이거 무슨 야채예요?
イゴ ムスン ヤチェエヨ
これは何という野菜ですか？

이것 좀 더 주세요.
イゴッ チョム トォ ジュセヨ
これをもう少しください。

○○코스 이 인분 주세요.
○○コス イ インブン ジュセヨ
○○コースを2人分ください。

Rail로 이어지는 행복한 세상

송이버섯구이 이 인분 주세요.
ソンイボソックイ イ インブン ジュセヨ
マツタケ焼きを2人分ください。

황남빵 이십 개들이 한 박스 주세요.
ファンナムパン イーシブ ケドゥリ ハン パクス ジュセヨ
皇南パンの20個入りをください。

언제까지 먹을 수 있어요?
オンジェカジ モグル ス イッソヨ
いつまで食べられますか？

Words

깻잎 [ケンニプ] エゴマの葉

쌈배추 [サムペチュ] 半結球ハクサイ

쌈장 [サムジャン] 味噌ダレ

공기밥 [コンギパブ] ご飯

불고기 [プルコギ] 焼肉

송이버섯밥 [ソンイボソッパブ] マツタケご飯

삼십 개들이 [サムシブケドゥリ] 30個入り

*本当におすすめの慶州名物は、実はサムパやマツタケではなく皇南パン。月餅を軽くしたような味わいです。慶州駅から徒歩5分の本店で焼きたてを召し上がってみてください。

安東の味

両班(貴族)文化の故郷といわれる安東(アンドン)は、
全羅道と比べ"食の不毛地帯"といわれがちな
慶尚道のなかでは、豊かな食文化を誇っています。
名物の干しサバ、鶏と野菜の辛子炒め、
偽祭祀ビビンバなどが有名です。

간고등어정식 이 인분 주세요.
カンコドゥンオジョンシケ イ インブン ジュセヨ
塩サバ定食を2人分ください。

잘 구어 주세요.
チャル クオ ジュセヨ
よく焼いてください。

찜닭 중자 하나 주세요.
チムタク チュンジャ ハナ ジュセヨ
鶏と野菜の辛子炒めの中をひとつください。

너무 맵지 않게 해 주세요.
ノム メプチ アンケ ヘ ジュセヨ
あまり辛くしないでください。

헛제사밥 이 인분 주세요.
ホッチェサパプ イ インブン ジュセヨ
偽祭祀ビビンバを2人分ください。

안동소주 있어요?
アンドンソジュ　イッソヨ
安東焼酎はありますか？

고등어자반 하나 주세요.
コドゥンオジャパン　ハナ　ジュセヨ
干しサバをひとつください。

언제까지 먹을 수 있어요?
オンジェカジ　モグル　ス　イッソヨ
いつまで食べられますか？

Words

너무 굽지 말아 [ノム クプチ マルラ]　焼き過ぎないで

쌈밥정식 [サムパプジョンシク]　葉野菜包みご飯定食

한정식 [ハンジョンシク]　韓定食

안동국시 [アンドンククシ]　安東ウドン

맵게 [メプケ]　辛く

안동식혜 [アンドンシクヶ]　安東甘酒

막걸리 [マッコルリ]　マッコリ

＊偽祭祀ビビンバとは、ぜいたくを戒められた昔の貴族たちが、祭祀（法事）と偽ってごちそうを食べたことに由来する料理。数種類のナムルとご飯を混ぜていただきます。

江原道の味

江原道(カンウォンド)は日本の北海道や長野県のような気候で、
そば粉やジャガイモなどを使った
素朴な料理が多いのが特徴。
東側は日本海に面しているため、海の幸も豊かです。
内陸部の春川では鶏カルビが有名です。

오징어회 이 인분 주세요.
オジンオフェ　イ　インブン　ジュセヨ
イカの刺身を2人分ください。

안에서 먹을게요.
アネソ　　　モグルケヨ
ここで(店の中で)食べます。

밖에서 먹을게요.
パケソ　　　モグルケヨ
外で食べます。

간장하고 와사비 주세요.
カンジャンハゴ　ワサビ　ジュセヨ
醤油とワサビをください。

매운탕 주세요.
メウンタン　ジュセヨ
魚の辛味汁をください。

생선모듬구이 주세요.
センソンモドゥムクイ　ジュセヨ
焼き魚の盛り合わせをください。

순두부 이 인분 주세요.
スントゥブ　イ　インブン　ジュセヨ
スントゥブを2人分ください。

닭갈비 삼 인분 주세요.
タッカルビ　サミンブン　ジュセヨ
鶏カルビを3人分ください。

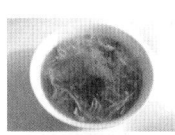

Words

　　초고추장 [チョコチュジャン]　酢入りコチュジャン

　　순두부정식 [スントゥブジョンシク]　スントゥブ定食

　　모두부 [モトゥブ]　固めた豆腐

　　황태해장국 [ファンテヘジャンクク]　干しタラ汁

　　오징어순대 [オジンオスンデ]　イカ飯

　　아바이순대 [アバイスンデ]　北朝鮮式腸詰

　　메밀전 [メミルジョン]　そば粉チヂミ

＊東海（日本海）では、海辺で潮風に吹かれながら、とれたてのイカの刺身をいただくのが
　楽しみです。コチュジャンにニンニクとワサビを混ぜた韓国式のタレで食べてみましょう。

家庭料理

韓国家庭の食事に招待される機会に恵まれたら、
それは親愛の情の表れ、
最上のおもてなしと思っていいでしょう。
「おいしい!」と、率直に喜びや感想を伝えると、
ホストに喜ばれます。

초대해 주셔서 고맙습니다.
チョデヘ　ジュショソ　コマプスムニダ
招待していただき、ありがとうございます。

맛있어 보여요.
マシッソ　ボヨヨ
おいしそうですね。

맛있는 냄새가 나네요.
マシヌン　ネムセガ　ナネヨ
おいしそうな匂いですね

잘 먹겠습니다.
チャル　モケッスムニダ
いただきます。

너무 맛있어요.
ノム　マシッソヨ
とてもおいしいです。

매운 거 좋아해요.
メウン　ゴ　チョアヘヨ
辛いものが好きです。

이거 뭐예요?
イゴ　モエヨ
これは何ですか？

이거 좀 더 주시겠어요?
イゴ　チョム　トォ　ジュシゲッソヨ
これをもう少しいただけますか？

잘 먹었습니다.
チャル　モゴッスムニダ
ごちそうさまでした。

Words

잘 못 먹어요 [チャル モン モゴヨ]　苦手です

부드럽네요 [プドゥロプネヨ]　やわらかいですね

향기롭네요 [ヒャンギロプネヨ]　香ばしいですね

어떻게 만들죠? [オットッケ マンドゥルジョ]　どうやって作りますか？

밥 [パプ]　ご飯

국물 [ククムル]　スープ

김치 [キムチ]　キムチ

＊家庭料理は肉や魚などの主菜に、ご飯、漬け物、汁物が基本です。キムチやナムル、チャンジョリム（醬油漬け）などが冷蔵庫に作り置きされているので、食卓がにぎやかです。

photo column 3
バスターミナルの風景

韓国は鉄道よりも高速バスが庶民の足として定着しているため、バスターミナルはさまざまな人が行き交う生活感あふれる場所です。お出かけがうれしくてしかたない子供たち、ソウルの実家での休暇を終え憂鬱そうに赴任地に戻る軍服姿の若者、田舎の母親が作ったキムチやナムルを両手に抱えてソウルに帰って来た女子大生など、韓国らしい風景に出会うことができます。冬場、待合室の売店で煮こまれているおでんの汁から立ち上る湯気を見ていると、心が安らかになります。

京畿道の南、忠清北道の北に位置する原州(江原道)のバスターミナル

4
ソウルや釜山をもっと楽しむ目的別のフレーズ集

「キムチや海苔が買いたい」
「屋台で食べたい」
「刺身が食べたい」
のような、目的別に使える言葉を集めています。

南大門市場でキムチを買う

ソウルのツアーで
最初に訪れることが多いのが南大門市場です。
キムチをお土産にする場合は
レトルトパックされたものより、計り売りのものを
切り分けてもらったほうが喜ばれるでしょう。

바로 먹기에 좋은 거 주세요.
バロ　モクキエ　チョーウン　ゴ　ジュセヨ
食べ頃のものがいいです。

겉절이 김치가 좋아요.
コッチョリ　キムチガ　チョアヨ
浅漬けのものがいいです。

매운 게 좋아요.
メウン　ゲ　チョアヨ
辛いものがいいです。

너무 맵지 않은 게 좋아요.
ノム　メプチ　アヌン　ゲ　チョアヨ
あまり辛くないものがいいです。

시식해도 돼요?
シシクヘド　デヨ
試食してもいいですか？

일 킬로에 얼마예요?
イル　キルロエ　オルマエヨ
1キロいくらですか？

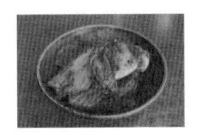

오백 그램씩 포장해 주세요.
オベク　グレムシク　ポジャンヘ　ジュセヨ
500グラムずつ包装してください。

기내에 갖고 들어 갈 수 있어요?
キネエ　カッコ　トゥロ　ガル　ス　イッソヨ
機内に持ち込めますか？

냄새가 나지 않게 포장해 주세요.
ネムセガ　ナジ　アンケ　ポジャンヘ　ジュセヨ
匂いがもれないように包装してください。

Words

배추김치 [ペチュキムチ]　白菜キムチ

깍두기 [カクトゥギ]　カクテキ

오이김치 [オイキムチ]　オイキムチ

짜지 않은 게 [チャジアヌンゲ]　塩辛くないもの

시지 않은 게 [シジアヌンゲ]　酸っぱくないもの

이 킬로 [イーキルロ]　2キロ

삼 킬로 [サムキルロ]　3キロ

*食堂で食べたキムチやカクテキが気に入ったら、それを売ってもらえる場合もあります。
市場のキムチ屋さんより安くなる場合もあるでしょう。

南大門市場で海苔を買う

韓国海苔は美味しくて安くて、
かさばらないため、
すっかり韓国土産の定番となりました。
お店で試食させてもらい、
味や鮮度を確かめてから買いましょう。

즉석구이 김 있어요?
チュクソククイ　キム　イッソヨ
焼きたての海苔はありますか？

신선한 김 있어요?
シンソナン　キム　イッソヨ
新鮮な海苔はありますか？

한 봉지에 몇 장 들어 있어요?
ハン　ボンジエ　ミョッジャン トゥロ　イッソヨ
ひと袋何枚入りですか？

한 봉지에 얼마예요?
ハン　ボンジエ　オルマエヨ
ひと袋いくらですか？

이천원이에요?
イーチョノンイエヨ
2000ウォンですか？

좀 비싸네요.
チョム　ピッサネヨ
ちょっと高いですね。

한 봉지에 천오백원에 안 돼요?
ハン ポンジエ チョノーベグォネ アン デヨ
ひと袋1500ウォンになりませんか？

많이 살 거예요.
マニ サル コエヨ
たくさん買いますよ。

이십 봉지에 삼만원에 해 주세요.
イーシプ ポンジエ サムマノネ ヘ ジュセヨ
20袋で3万ウォンにしてください。

Words

김치맛 [キムチマッ] キムチ味

와사비맛 [ワサビマッ] ワサビ味

파래김 [パレキム] 青海苔

천원 [チョノン] 1000 ウォン

이천오백원 [イーチョノーベグォン] 2500 ウォン

열 봉지 [ヨルポンジ] 10 袋

삼십 봉지 [サムシプポンジ] 30 袋

* 新鮮な海苔を買いたかったら、デパートの食料品売場で、目の前で焼いた海苔に機械でゴマ油を塗ったものを買うといいでしょう。

東大門市場の屋台で食べる、飲む

服やアクセサリーのショッピングを楽しんだ後は、
屋台で軽食をとるのも楽しみの一つです。
東大門市場の屋台は、
DOOTAの向かい側からNUZZONに至る
歩道沿いにたくさん並んでいます。

여기 앉아도 돼요?
ヨギ　アンジャド　デヨ
ここに座ってもいいですか？

이거 한 접시에 얼마예요?
イゴ　ハン　チョプシエ　オルマエヨ
これは一皿いくらですか？

이거 매워요?
イゴ　メウォヨ
これは辛いですか？

뭐가 맛있어요?
モガ　マシッソヨ
何がおいしいですか？

이거 주세요.
イゴ　ジュセヨ
これをください。

떡볶이 하나 주세요.
トクポッキ　ハナ　ジュセヨ
トッポッキを一つください。

파전하고 순대 주세요.
パジョンハゴ スンデ ジュセヨ
パジョンと腸詰をください。

이거하고 캔맥주 두 개 주세요.
イゴハゴ ケンメクジュ トゥ ゲ ジュセヨ
これとビール2缶ください。

계산 해 주세요.
ケサン ヘ ジュセヨ
計算してください。

Words

오뎅 [オデン] おでん

김밥 [キムパプ] 海苔巻

우동 [ウドン] うどん

곱창볶음 [コプチャンポックム] モツ炒め

잡채 [チャプチェ] 春雨炒め

막걸리 [マッコルリ] マッコリ

소주 [ソジュ] 焼酎

＊東大門市場の屋台は外国人観光客だけでなく一般の韓国人も利用しますので、法外な料金を求められることはめったにありませんが、注文する前に念のため値段を確認しましょう。

広蔵市場の屋台で食べる、飲む

東大門市場の西側にある広蔵(クァンジャン)市場では、
大きなテントの下に屋台が
ズラリと並ぶ光景に圧倒されます。
韓国の屋台らしい屋台で、
いろいろなものをつまんでみましょう。

여기 앉아도 돼요?
ヨギ アンジャド デヨ
ここに座ってもいいでしょう?

우선 맥주 주세요.
ウソン メクジュ ジュセヨ
まずはビールをください。

뭐가 맛있어요?
モガ マシッソヨ
何がおいしいですか?

이거 한 접시에 얼마예요?
イゴ ハン チョプシエ オルマエヨ
これは一皿いくらですか?

이거 삼천원어치 주세요.
イゴ サムチョノンオチ ジュセヨ
これを3000ウォン分ください。

녹두빈대떡 하나 주세요.
ノクトゥピンデトク ハナ ジュセヨ
緑豆のお焼きをひとつください。

막걸리 한 병에 얼마예요?
マクコルリ　ハン　ビョンエ　オルマエヨ
マッコリは一本いくらですか？

맥주 한 병 더 주세요.
メクジュ　ハンビョントォ　ジュセヨ
ビールをもう一本ください。

계산해 주세요.
ケサンヘ　ジュセヨ
計算してください。

Words

김밥 [キムパプ]　海苔巻き

이천원어치 [イーチョンノンオチ]　2000ウォン分

떡볶이 [トクポクキ]　トッポッキ

보리밥 [ポリパプ]　麦飯ビビンバ

야채비빔밥 [ヤチェピビムパプ]　野菜ビビンバ

순대 [スンデ]　腸詰

족발 [チョクパル]　豚足

＊広蔵市場には麦飯ビビンバや野菜ビビンバの屋台も多いので、お酒を飲まない人でもヘルシーな食事を楽しむことができます。

牡丹民俗市場で食べる、飲む

市場めぐりが大好きなリピーターにおすすめしたいのが、
ソウル中心部から地下鉄で1時間くらいの
城南(ソンナム)市にある牡丹(モラン)民俗市場です。
首都圏にいながらにして、
田舎の市場の雰囲気が味わえるところです。

동동주 하나 주세요.
トンドンジュ　ハナ　ジュセヨ
トンドン酒をひとつください。

손칼국수 두 개 주세요.
ソンカルククス　トゥ　ゲ　ジュセヨ
手打ち韓国うどん2つください。

콩국수하고 잔치국수 주세요.
コンククスハゴ　チャンチククス　ジュセヨ
豆乳麺と温かいそうめんをください。

이거랑 같은 거 주세요.
イゴラン　カットゥン　ゴ　ジュセヨ
あれと同じものをください。

이거 매운 양념이에요?
イゴ　メウン　ヤンニョミエヨ
これは辛い薬味ですか?

돼지고기 이 인분 주세요.
トゥエジコギ　イ　インブン　ジュセヨ
豚肉を2人分ください。

작은 접시 하나 주세요.
チャグン チョブシ ハナ ジュセヨ
小皿をひとつください。

계산해 주세요.
ケサンヘ ジュセヨ
計算してください。

화장실 어디예요?
ファジャンシル オディエヨ
トイレはどこですか？

Words

소주 [ソジュ] 焼酎

조동동주 [チョトンドンジュ] 粟トンドン酒

팥죽 [パッチュク] 小豆粥

호박죽 [ホバクチュク] カボチャ粥

만두국 [マンドゥクク] 水餃子

돼지껍데기 [トゥエジコプテギ] 豚皮炒め

산오징어회 [サンオジンオフェ] イカ刺し

＊市場の北側には犬肉の店が並んでいますので、愛犬家は近寄らないほうがいいでしょう。
また、トイレの場所がわかりにくいので、店の人に聞きましょう。

釜山のチャガルチ市場で刺身を食べる

釜山では日本よりも安く、そして、葉っぱでくるりと巻く
韓国独特の食べ方でお刺身がいただけます。
チャガルチ市場では、
1階で活きている魚を自分で選んで、
上の階の食堂で刺身にしてもらえます。

이거 한 마리 주세요.
イゴ ハン マリ ジュセヨ
これを一匹ください。

광어 한 마리 주세요.
クァンオ ハン マリ ジュセヨ
ヒラメを一匹ください。

비싸요.
ピッサヨ
高いですね。

좀 싸게 해 주세요.
チョム サゲ ヘ ジュセヨ
少し安くしてください。

자연산이에요?
チャヨンサンイエヨ
天然ものですか？

이거 회 떠 주세요.
イゴ フェ トォ ジュセヨ
これを刺身にしてください。

모듬회 주세요.
モドゥムフェ　ジュセヨ
刺身の盛り合わせをください。

매운탕 주세요.
メウンタン　ジュセヨ
メウンタンをください。

맵지 않게 해 주세요.
メプチ　アンケ　ヘ　ジュセヨ
辛くしないでください。

Words

도미 [トミ] 真鯛

우럭 [ウロク] 黒ソイ

오징어 [オジンオ] イカ

양식 [ヤンシク] 養殖もの

상추 [サンチュ] サンチュー

깻잎 [ケンニプ] エゴマの葉

공기밥 [コンギパプ] ご飯

*魚は天然ものと養殖ものは値段が大きく違います。サンチュやエゴマの葉で刺身を巻いて食べる韓国式でいただくなら、養殖ものでも十分楽しめるでしょう。

photo column4
離島散歩

三方を海に囲まれた韓国には、高速船で1〜2時間で渡れる島が数多くあります。
機会があれば、週末や行楽シーズンを避けて、そんな島々を訪れてみましょう。
小さな魚船が停泊している港を歩くと、イカやサバを干しているリヤカーや、ミニスカート姿でスクーターにまたがり漁船にコーヒーを出前する女の子と出会ったりします。湾に面した宿で荷を降ろし、窓から差し込む陽射しを浴びながらうたた寝するのも悪くありません。本土という世俗の地から解放されるせいでしょうか、とても「おいしい」昼寝を楽しむことができます。

木浦（モッポ）から船で1時間半のところにある大黒山島（デフクサンド）

5
おなじみの韓国料理 "アイウエオ"順 用語集

日本人観光客によく知られている韓国料理名と
その料理に関連する単語を集めています。

ア行

アグチム　아구찜　アンコウ蒸し煮

蒸し煮したアンコウ（アグ）のぶつ切りを豆モヤシなどの野菜とともに辛く味付けして煮込んだもの。慶応南道馬山の郷土料理。

アグタン　아구탕　アンコウ鍋

コンナムル　콩나물　豆モヤシ
アンコウ料理によく使われる材料。アンコウのダシがしみておいしい。

ポックムパプ　볶음밥　炒めご飯
アグチムやアグタンの残りのタレでご飯を炒めて食べるとおいしい。

マサン　마산　馬山

アグチム　　　　　オジンオポックム

オジンオポックム　오징어볶음　イカ炒め

イカを野菜とともに甘辛く炒めたもの。

オジントプパプ　오징어덮밥　イカ炒め丼

オジンオフェ　오징어회　イカの刺身

オジンオクイ　오징어구이　スルメ焼き

オジンオタンコン　오징어땅콩　スルメ焼きとピーナッツ
焼酎やビールを飲むときの乾きもののつまみの代表。

オデン

オデン 오뎅 おでん

魚の練りものが主体で、日本のような野菜や海藻類のネタは少ない。

オデンタン 오뎅탕 おでん鍋

コチオデン 꼬치오뎅 串おでん

プサンオデン 부산오뎅 釜山式おでん
韓国のおでんの本場は釜山と言われる。ソウルでは見られないコンニャクもある。

ヤンニョムカンジャン 양념간장 醤油にゴマやネギを加えたつけダレ

オムク 어묵 練りもの、カマボコ。オデンの別名

カ行

カムジャタン 　カルククス　カルビタン

カムジャタン　감자탕　豚の背骨とジャガイモの鍋

肉のついた豚の背骨とジャガイモを煮込んだもの。

トゥエジドゥンピョ　돼지등뼈　豚の背骨

ドゥルケ　들깨　エゴマの実
カムジャタンに欠かせない香りづけ。

ソジュ　소주　焼酎
カムジャタンには焼酎が合うといわれる。

カルククス　칼국수　韓国式うどん

小麦粉を練った生地を包丁で切ったもの。イワシやアサリなどでダシをとったスープで食べる。

カル　칼　刃物、包丁

ククス　국수　麺

ヘムルカルククス　해물칼국수　海産物入りカルククス

パジラクカルククス　바지락칼국수　アサリ入りカルククス

ソンカルククス　손칼국수　ソンは手のこと。手打ちカルククス

カルビ　갈비　骨付カルビ

本来は骨付きのアバラ肉のこと。

カルビサル　갈비살　牛バラ肉

センカルビ　생갈비　味付けや冷凍をしていない骨付カルビ

ヤンニョムカルビ　양념갈비　味付け骨付カルビ

カウィ　가위　ハサミ
韓国の焼肉店では店員さんが焼けた肉をハサミで切って食べやすくしてくれる。

サンチュ　상추　チシャの葉

カルビタン　갈비탕　カルビスープ

日本のように焼肉の後に食べるものではなく、単品料理のイメージが強い。

ウゴジカルビタン　우거지갈비탕　菜っ葉入りカルビタン

タデギ　다데기　薬味
お客がカルビタンに味付けする卓上調味料の一種。

キョロンシクウムシク　결혼식음식　結婚披露宴料理
カルビタンは結婚披露宴の料理によく出される。

カルビ

キムチ 김치 キムチ

ペチュキムチ 배추김치 白菜キムチ

カクトゥギ 깍두기 大根の角切りキムチ(カクテキ)

チョンガクキムチ 총각김치 若い大根のキムチ

コチュカル 고추가루 唐辛子粉

キムチチゲ

キムチチゲ 김치찌개 キムチ鍋

白菜キムチと豚肉を煮込んだもの。代表的な韓国家庭料理。

キムチチゲペクパン 김치찌개백반 キムチ鍋定食
ペクパンの漢字表記は「白飯」。

シンキムチ 신김치 酸っぱいキムチ
キムチチゲは酸味の強いキムチを使うとさっぱりした味になる。

トゥエジコギ 돼지고기 豚肉

チャムチキムチチゲ 참치김치찌개 ツナ入りキムチチゲ

キムチチム 김치찜 キムチと豚肉蒸

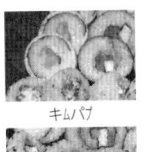

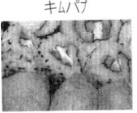

キムパブ 김밥 海苔巻き

日本の植民地時代に伝わったものだが、韓国では酢の代わりにゴマ油を使う。

キム 김 海苔

パブ 밥 ご飯

チュクソクキムパブ 즉석김밥 即席海苔巻き

チャムギルム 참기름 ゴマ油

タンムジ 단무지 タクアン

海苔巻きにタクアンはつきもの。

ククパブ 국밥 汁かけご飯(クッパ)

スンデククパブ 순대국밥 腸詰クッパ

トゥェジククパブ 돼지국밥 豚肉クッパ

釜山など慶尚道でよく見られる外食メニューだが、ソウルでは一般的ではない。

コンナムルククパブ 콩나물국밥 豆モヤシクッパ

セウジョッ 새우젓 アミの塩辛

クッパを客が好みで味付けするときに使う。

ケジャン　게장　ワタリガニの漬物

カンジャンケジャン　간장게장　ワタリガニの醤油漬け

ヤンニョムケジャン　양념게장　ワタリガニの唐辛子ソース漬け

ケアルピビムパプ　게알비빔밥　カニ味噌ビビンバ
ケアルはカニの卵のこと。韓国のご飯ものとしては高価だが、カニ味噌とゴマ油の味と香りのとりこになる人が多い。

アムケ　암게　雌ガニ
卵と味噌がたっぷり詰まった雌ガニがおいしいと言われる。

ケランマリ　계란말이　卵焼き

溶き卵にみじん切りの野菜を加えて焼いたもの。見た目はオムレツに近い。

ケラン　계란　鶏卵

マリ　말이　巻く

ケチョプ　케첩　ケチャップ

チージュケランマリ　치즈계란말이　チーズ入り卵焼き

ケランチム　계란찜　茶碗蒸し
韓国では土鍋で火にかけられ、グツグツの状態で出てくる。

ケジャン

ケランマリ

コプチャンポックム　곱창볶음　モツ炒め

豚や牛の小腸を焼いたもの。焼酎に合う料理の代表。

スンデコプチャンポックム　순대곱창볶음　腸詰と豚モツ炒め

コプチャンクイ　곱창구이　モツ焼き

コプチャンジョンゴル　곱창전골　モツ鍋

ソジュ　소주　焼酎

コルベンイムチム　골뱅이무침　巻き貝の和えもの

茹でた巻き貝の身をネギの千切りや唐辛子粉などで辛く和えたもの。

コルベンイ　골뱅이　巻き貝

パチェ　파채　千切りネギ

ソミョン　소면　素麺
追加の具のひとつ。辛いソースにからめて食べると美味しい。

センメクジュ　생맥주　生ビール
韓国ではコルベンイムチムと生ビールが合うとされる。

ウルチロサムガ コルベンイコルモク
　　을지로 3 가 골뱅이골목　乙支路 3 街の巻き貝通り

コプチャンポックム

サ行

サムギョプサル　삼겹살　豚三枚肉

センサムギョプサル　생삼겹살　冷凍や味付けをしていない豚三枚肉

パムチム　파무침　千切りネギ和え

マヌル　마늘　ニンニク

サンチュ　상추　チシャの葉

アプチマ　앞치마　エプロン
豚肉を焼くときは油が飛ぶので、店にエプロンが用意されている。

サムゲタン

サムゲタン　삼계탕　参鶏湯

ヨンゲ　영계　生後49日から60日の若鶏
この時期の鶏が特にやわらかいといわれる。

インサム　인삼　高麗人参

チャプサル　찹쌀　餅米

インサムジュ　인삼주　高麗人参酒
参鶏湯専門店ではサービスとして、とっくりに入った高麗人参酒が出ることがある。

サンナクチフェ

サンナクチフェ　산낙지회　手長ダコの刺身

生きた手長ダコのぶつ切りを、塩を加えたゴマ油などにつけて食べる。

チャムギルムジャン　참기름장　塩入りゴマ油

ケッポル　갯벌　干がた
手長ダコやイイダコがよくとれる。全羅南道の黄海側に多い。

シクケ　식혜　麦芽汁

麦芽と米、餅米などを発酵させ、冷やして飲む伝統飲料。伝統茶室やサウナの売店の基本メニュー。

ジョントンウムリョ　전통음료　伝統飲料
シクケなどの伝統飲料の総称。

チャプサル　찹쌀　餅米

ヨッキルム　엿기름　麦芽

ジャジャンミョン　자장면　ジャージャー麺

チュンジャン　춘장　ジャージャー麺の黒いソース

タンムジ　단무지　タクアン
タマネギとともにつけ合わせとして一般的。

ヤンパ　양파　タマネギ

コチュカル　고춧가루　唐辛子粉
韓国の料理としてはかなり甘いので、唐辛子粉を加える人も多い。

インチョンチャイナゴリ　인천차이나거리
　　　　　仁川中華街、韓国式ジャージャー麺発祥地

チャムポン　짬뽕　チャンポン
ジャージャー麺と並ぶ、韓国式中華メニューの代表。この２品のセットメニューもある。

スントゥブチゲペクパン

スントゥブチゲ　순두부찌개　固めていない豆腐鍋

トゥブ　두부　豆腐

スントゥブチゲペクパン　순두부찌개백반
　　　　　　　　　　固めていない豆腐鍋定食

ペクパンの漢字表記は「白飯」。

コチュギルム　고추기름　唐辛子油
スントゥブチゲの辛味ベース。

パジラク　바지락　アサリ
生卵とともにスントゥブチゲの材料のひとつ。

ナルゲラン　날계란　生卵

センソンクイ

センソンクイ　생선구이　焼き魚

クイ　구이　焼きもの

コドゥンオクイ　고등어구이　サバ焼き

サムチクイ　삼치구이　サワラ焼き

カルチクイ　갈치구이　太刀魚焼き

モドゥムクイ　모듬구이　焼き物盛り合わせ

カンジャン　간장　醤油

ワサビ　와사비　わさび
焼き魚の身をワサビ醤油につけて食べる人が多い。

マクコルリ　막걸리　マッコリ
焼き魚とマッコリは相性がよい。釜山にはサバ焼きとマッコリの専門店もある。

ソジュ 소주 焼酎

チョウムチョロム 처음처럼 低アルコール焼酎の代表ブランド
チョウムチョロムの意味は「初めてのように」「初心が大切」。

チャミスル 참이슬 韓国焼酎の代表ブランド
チャミスルは「真露」を意味するハングル。

ソジュジャン 소주잔 焼酎グラス（ショットグラス）

オイソジュ 오이소주 千切りキュウリ入り焼酎

ヤンパソジュ 양파소주 タマネギ入り焼酎

ソルロンタン 설렁탕 牛肉と牛モツと牛骨の煮込み

サゴル 사골 漢字表記で「四骨」。牛の脚の骨のこと

ククムル 국물 汁

パ 파 ネギ
ソルロンタンに加えて食べる。

キムチ 김치 キムチ
辛味のないソルロンタンにはアクセントとしてキムチが欠かせない。一般にソルロンタン専門店のキムチは美味しいと言われる。

カクトゥギ 깍두기 角切り大根のキムチ（カクテキ）

シンキムチ 신김치 酸っぱいキムチ

キムチククムル 김치국물 キムチの汁

ソグム 소금 塩
ソルロンタンは味付けされていない場合が多いので、客が卓上の塩やコショウで味付けする。

フチュ 후추 コショウ

タ行

タクカルビ　닭갈비　鶏肉炒め(タッカルビ)

ピョオンヌンカルビ　뼈없는갈비　骨なしタッカルビ

トクサリ　떡사리　トッポッキ用の餅

コグマサリ　고구마사리　サツマイモ
トッポッキ用の餅やサツマイモを追加の具として入れることが多い。

ムルキムチ　물김치　水キムチ

チュンチョン　춘천　春川
江原道にある「タッカルビ」の名所。

マクククス　막국수　そば
タッカルビと並ぶ春川の名物料理。

タクカルビ

タクトリタン　닭도리탕　鶏肉の辛煮

炒めた鶏肉に野菜や唐辛子などを加えて煮込んだもの。外食メニューよりも家庭料理として一般的。

カムジャ　감자　ジャガイモ

ソジュ　소주　焼酎

メクジュ　맥주　ビール

タクハンマリ　닭한마리　鶏丸ごと水煮(タッカンマリ)

ハンマリ　한 마리　一匹(一羽)という意味

カムジャ　감자　ジャガイモ
タクハンマリの具のひとつ。

タデギ　다데기　辛い薬味

キムチ　김치　キムチ

カルククス　칼국수　韓国式うどん

チョンノオーガ タクハンマリコルモク
종로 5 가 닭한마리골목　ソウル鍾路 5 街のタッカンマリ通り

チキン　치킨　鶏の唐揚げの総称

フライドチキン　후라이드치킨　フライドチキン

ヤンニョムチキン　양념치킨　唐辛子ソース味のフライドチキン

センメクジュ　생맥주　生ビール
チキンを食べながら飲む酒と言えば生ビール。

チキンムウ　치킨무우　酸っぱい角切り大根
辛味のない大根は、キャベツサラダとともにチキンの付け合わせとして一般的。

ヤンペチュサラダ　양배추사라다　キャベツサラダ

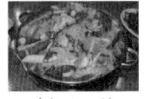

タクハンマリ

チョクパル

チョクパル　족발　豚足煮

足の部分だけでなくスネの部分の肉も食べる。

ハンバンチョクパル　한방족발　韓方豚足煮

セウジョッ　새우젓　アミの塩辛
つけダレとして添えられる。

サンチュ　상추　チシャの葉
豚足煮を青唐辛子、ニンニク、味噌とともにサンチュで巻いて食べるのが一般的。

ブッコチュ　풋고추　青唐辛子

マヌル　마늘　ニンニク

チャンチュンドンチョクパルコルモク
　　　　　장충동족발골목　ソウル奨忠洞の豚足通り
新羅ホテルや東大門市場から近い。

チョンジュ　청주　清酒（日本酒）

チョンハ　청하　清河
清酒の代表的なブランド名。日本料理店や刺身店でよく見かける。

テウンスル　데운술　燗酒

オデン　오뎅　おでん

イルシク　일식　日本風料理の総称

チョンボクチュク テンジャンチゲペクパン

ジョッカル 젓갈 塩辛

ミョンランジョッ 명란젓 明太子

チャンランジョッ 창란젓 スケソウダラ内臓の塩辛

セウジョッ 새우젓 アミの塩辛
キムチ漬けにもよく使われる。

オジンオジョッ 오징어젓 イカの塩辛

バリョウムシク 발효음식 発酵料理

チョンボクチュク 전복죽 アワビ粥

チュク 죽 粥

チョンボクネジャンチュク 전복내장죽 内臓入りアワビ粥

チェジュド 제주도 済州島
アワビの産地で、新鮮な内臓入りアワビ粥の専門店がある。

ムルキムチ 물김치 水キムチ
よく粥に添えられる。

テチュチャ　대추차　ナツメ茶

干したナツメを煎じてハチミツを加え、松の実を浮かべたもの。

ジョントンチャ　전통차　伝統茶の総称

ハンバンチャ　한방차　韓方茶の総称

ユジャチャ　유자차　柚子茶

モグァチャ　모과차　カリン茶

ジョントンチャッチプ　전통찻집　伝統茶室

インサドン　인사동　仁寺洞
ソウル中心部の伝統茶室が集まっている町。

キョンドンシジャン　경동시장　京東市場
伝統茶や韓方茶の材料が買えるソウル北東部の市場。

テンジャンチゲペクパン　된장찌개백반　味噌汁定食

テンジャン　된장　味噌

メジュ　메주　味噌玉麹

トゥブ　두부　豆腐
韓国カボチャとともにテンジャンチゲの材料のひとつ。

エホバク　애호박　韓国カボチャ

チョングクジャンチゲ　청국장찌개　納豆鍋

テチュチャ

トゥブジョンゴル　두부전골　豆腐鍋

ジョンゴル　전골　鍋もの

ソントゥブ　손두부　手作り豆腐

トゥブブチム　두부부침　焼き豆腐

トゥブキムチ　두부김치　豆腐とキムチの炒めもの

トクポクキ　떡볶이　トッポッキ

チュクソクトクポクキ　즉석떡볶이　即席トッポッキ

ヘムルトクポクキ　해물떡볶이　海産物入りトッポッキ
最近、ソウルの若者に人気の料理。

サルムンケラン　삶은계란　茹で卵
揚げもの、おでんとともにトッポッキの追加の具として一般的。

ティギム　튀김　揚げもの、てんぷら

オデン　오뎅　おでん

シンダンドントクポクキコルモク
　신당동떡볶이골목　ソウル新堂洞のトッポッキ通り

トクポクキ

トゥェジククパブ   トトリムクムチム

トブパブ　덮밥　丼もの

ソコギトブパブ　소고기덮밥　牛肉丼

ジェユクトブパブ　제육덮밥　豚肉炒め丼

チャブチェトブパブ　잡채덮밥　チャプチェ丼
チャプチェとは春雨と牛肉野菜炒めのこと。

フェトブパブ　회덮밥　刺身丼

トトリムクムチム　도토리묵무침　ドングリ寒天和え

ムク　묵　寒天

トンドンジュ　동동주　トンドン酒
マッコリとともにムク料理に合うお酒と言われる。

マクコルリ　막걸리　マッコリ

ムクパブ　묵밥　汁かけドングリ寒天

クファンシクプム　구황식품　救荒食品
食糧事情が悪い時代に庶民が飢えをしのいだ食べもの。ジャガイモ、とうもろこし、そば、ピンデトク(緑豆のお焼き)やスジェビ(すいとん)などもこれに当たる。

ナ行

ナムル 나물 野菜の和えもの(ナムル)

　　　コンナムルムチム 콩나물무침 モヤシの和えもの

　　　シグムチナムル 시금치나물 ホウレン草のナムル

　　　コサリナムル 고사리나물 ワラビのナムル

　　　トラジナムル 도라지나물 キキョウの根のナムル

　　　ムグンナムル 묵은나물 干した旬の野菜のナムル

ナクチポックム 낙지볶음 手長ダコの唐辛子炒め

　　　プルナクジョンゴル 불낙전골 焼肉と手長ダコの鍋
　　　プルナクは、プル(プルコギの略)とナク(ナクチの略)を合わせた造語。

　　　ヨンポタン 연포탕 手長ダコの澄まし汁

　　　チョゲタン 조개탕 アサリ汁
　　　ナクチポックムの辛さをやわらげるために添えられるスープ。

　　　ソジュ 소주 焼酎
　　　タコやイカの辛い炒めものには焼酎がつきもの。

　　　チュクミポックム 주꾸미볶음 イイダコの唐辛子炒め

シグムチナムル

ナクチポックム

ネンミョン 냉면 冷麺

ピョンヤンネンミョン 평양냉면 平壌式冷麺

ムルネンミョン 물냉면 水冷麺

ピビムネンミョン 비빔냉면 ビビン冷麺

ハムンネンミョン 함흥냉면 咸興冷麺
サツマイモやジャガイモの澱粉で練った麺を使ったビビン冷麺。

フェネンミョン 회냉면 刺身載せ冷麺

キョジャ 겨자 和がらし
酢とともに冷麺の味付けに使われる卓上調味料。

シクチョ 식초 酢

ムルネンミョン

ハンジョンシク　한정식　韓定食(クンチュンヨリ 宮中料理宮廷料理)

クジョルパン　구절판　九節板
8種類の具を水溶き小麦粉の皮で包んで食べるもの。

オミオセク　오미오색　五味五色
陰陽五行説にもとづく五味＝甘、辛、酸、苦、鹹、五色＝白、青（緑）、黄、黒、赤の総菜を揃えると身体によいという思想。九折坂やビビンバはその代表。

シンソンロ　신선로　神仙炉
肉や魚介、野菜をひとつの鍋で煮こんだもの。

タンピョンチェ　탕평채　野菜と寒天の和えもの
緑豆寒天の千切りと炒めた牛肉、野菜を混ぜて和えたもの。

シンソンロ（手前）

ブチュジョン

パジョン 파전 ネギのお焼き

ヘムルパジョン 해물파전 海産物入りパジョン

キムチジョン 김치전 キムチ入りパジョン

ブチュジョン 부추전 ニラ入りパジョン

ヤンニョムカンジャン 양념간장 薬味醬油
お焼きはゴマなどを加えた醬油ダレにつけて食べるのが一般的。

ピ ビ 雨
かつては雨が降ると買いものに出るのがおっくうになるので、あり合わせの総菜を使ってお焼きを作った。その記憶から、雨の日にはなんとなくお焼きをつまみにマッコリが飲みたくなるという独特の情緒性がある。

トンドンジュ 동동주 トンドン酒

マクコルリ 막걸리 マッコリ

ジョンジュピビムパブ

ピビムパブ　비빔밥　ビビンバ

ピビダ　비비다　混ぜる

ジョンジュピビムパブ　전주비빔밥　全州式ビビンバ
日本人観光客には石焼ビビンバが浸透したが、本来のビビンバは全州式の真鍮の器に入ったものが正統。

トルソッピビムパブ　돌솥비빔밥　石焼きビビンバ

ユクケピビムパブ　육회비빔밥　ユッケビビンバ

ネンコンナムルクク　냉콩나물국　冷製モヤシ汁
ビビンバに添えられるスープ。このスープをひとさじ加えてから、かき混ぜる人もいる。

コチュジャン　고추장　コチュジャン
好みでコチュジャンを足して味を調節して食べる。

ピビムパブムナ　비빔밥문화　ビビンバ文化=統合・融合文化
マルチメディア好きな点など、韓国人の精神性を表す言葉。

ピンス　빙수　韓国式かき氷

オルム　얼음　氷

パッピンス　팥빙수　アズキ入リカキ氷

クァイルピンス　과일빙수　果物入リカキ氷

ヨクルトゥピンス　요크르트빙수　ヨーグルト入リカキ氷

ピンスチョンムンジョム　빙수전문점　カキ氷専門店

フェ 会 刺身

モドゥムフェ 모듬회 刺身の盛り合わせ

クァンオフェ 광어회 ヒラメ刺身

ウロクフェ 우럭회 黒ソイ刺身

チョコチュジャン 초고추장 酢コチュジャン
ワサビ醤油だけでなく、酢コチュジャンのタレに刺身をつけて食べる人も多い。

ワサビ 와사비 ワサビ

カンジャン 간장 醤油

メウンタン 매운탕 アラの辛味汁
刺身料理はさまざまな前菜→メインの刺身→メウンタンまでがひとつのコースのようになっている。

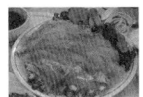

フェ

プデチゲ

プデチゲ 부대찌개 ハム、ソーセージ入り寄せ鍋

ミグン 미군 米軍
かつては在韓米軍から放出されたハムやチーズなどで作られた。

ヘム 햄 ハム

チージュ 치즈 チーズ

ラミョン 라면 ラーメン
追加の具としてインスタントラーメンの乾麺を入れる人が多い。

ウィジョンブミョンムルチゲコルモク
의정부명물찌개골목 京畿道議政府市の議政府名物(プデ)チゲ通り

プルコギ　불고기　焼肉

直訳すると火肉(焼肉)だが、煮汁があるのですき焼きに近い。

ボソップルコギ　버섯불고기　キノコ入りプルコギ

サンチュ　상추　チシャの葉

コンギパプ　공기밥　ご飯
プルコギの汁にご飯を入れて食べるとおいしい。

トゥクペギプルコギ　뚝배기불고기　焼肉鍋

ヘムルタン

ヘジャンクク　해장국　酔い冷まし汁の総称

地方によってさまざまなヘジャンククがある。

ヘジャン　해장　漢字表記は「解腸」。二日酔い解消を意味する

クク　국　汁、スープ

ウゴジヘジャンクク　우거지해장국　菜っ葉と牛肉の汁

ソンジヘジャンクク　선지해장국　牛血の煮こごり汁
プゴククとともにソウルで一般的。

プゴクク　북어국　干しスケソウダラ汁

ピョダグゥイヘジャンクク　뼈다귀해장국　豚背骨の煮こごり汁
全羅南道の光州で一般的。

ジェチョプクク　재첩국　シジミ汁
慶尚南道などで一般的。

スクチィ　숙취　二日酔い。漢字表記は「宿酔」

ヘムルタン　해물탕　海鮮鍋

ヘムル　해물　海産物

カウィ　가위　ハサミ
海鮮鍋の店では店員がタコやイカを食べやすいようにハサミで切ってくれる。

ポシンタン　보신탕　犬肉煮込み

ケ　개　犬

サチョルタン　사철탕　四節湯
犬肉煮込みの別称。栄養湯(ヨンヤンタン)とも言う。

スユク　수육　茹で肉

ドゥルケ　들깨　エゴマの実
香りづけ(匂い消し)のために使われる薬味。

サムボク　삼복　三伏
夏至から数えて3度目の庚の日「初伏」、4度目の庚の日「中伏」、立秋直後の庚の日などの暑い日のこと。この時期に犬肉を食べるとよいとされてきた。

プルコギ

ポクチリ　복지리　フグチリ

ポクメウンタン　복매운탕　フグ辛味汁

ポゴフェ　복어회　フグの刺身

ポクプルコギ　복불고기　フグの辛味炒め

ポクプンジャジュ　복분자주　山イチゴ酒

漢字表記は「覆盆子酒」。

ジャンオ　장어　ウナギ
ウナギと山イチゴ酒は相性がよいとされる。

コチャン　고창　全羅北道の高敞郡。覆盆子酒の名産地

ホンオフェ　홍어회　ガンギエイの刺身

エイは水揚げされた瞬間から発酵を始めるので、時間が経ったものはすさまじい揮発性と発酵臭がある。

ホンオチム　홍어찜　ガンギエイの蒸し煮
加熱してあるので、強い揮発性と発酵臭がある。

ホンタクサマプ　홍탁삼합
ガンギエイの刺身と茹で豚肉と酸っぱいキムチとマッコリ

ホンオジョン　홍어전　ガンギエイのお焼き

フクサンド　흑산도　全羅南道の「黒山島」。ガンギエイの名産地

ホンオフェ

マ行

マクコリリ 막걸리 マッコリ

ミンソクジュ　민속주　民俗酒

ヌルク　누룩　麹
穀物を練ったものに菌類を繁植させた麹の一種。

センマクコルリ　생막걸리　発酵酒
殺菌していないマッコリ。酵母が生きているため、サイダーのような清涼感があるが、流通期間は短い。

サルギュンマクコルリ　살균막걸리　殺菌マッコリ
酵母などの活動を止めたマッコリ。生マッコリより流通期間が長く、味が安定している。

ジュジョンジャ　주전자　ヤカン

イドンマクコルリ　이동막걸리
　　　　京畿道抱川郡の二東面で生産されるマッコリ
日本の韓国料理店でもっとも流通している銘柄。

マクコルリ　　　コギマンドゥとマンドゥクク　　　メミルククス

マンドゥクク　만두국　水餃子

　　　コギマンドゥ　고기만두　肉餃子

　　　キムチマンドゥ　김치만두　キムチ餃子

　　　マンドゥジョンゴル　만두전골　餃子鍋

　　　トクマンドゥクク　떡만두국　餅入り水餃子

　　　プクカンウムシク　북한음식　北朝鮮飲食(料理)
　　　餃子は元々中国伝来で、朝鮮半島北部に先に定着した。

メクジュ　맥주　ビール

　　　センメクジュ　생맥주　生ビール

　　　ビョンメクジュ　병맥주　瓶ビール

　　　ハイトゥ　하이트　韓国の人気ビール銘柄

　　　カス　카스　韓国の人気ビール銘柄

　　　ホプチプ　호프집　ビアホール

メミルククス　메밀국수　そば

　　　マククス　막국수　そばの別称

　　　パンメミルククス　판메밀국수　ざるそば

　　　ワサビ　와사비　ワサビ

　　　チェンバンメミルククス　쟁반메밀국수　盆に盛られたそば

　　　ポンピョン　봉평　「蓬坪」。江原道の平昌郡にあるそばの名産地

ヤ行

ユケジャン 육개장 ユッケジャン

  ソコギ 소고기 牛肉

  タロククパプ 따로국밥 牛肉汁とご飯の別盛り

  タケジャン 닭개장 鶏肉の辛味汁
鶏肉版ユッケジャン。

  コンギパプ 공기밥 ご飯
辛いユッケジャンには少し固めに炊いたご飯が合う。

ラ行

ラミョン 라면 ラーメン

韓国の外食ラーメンは、インスタントラーメンが主流。

  チージュラミョン 치즈라면 チーズ入りラーメン

  トクラミョン 떡라면 餅入りラーメン

  タンムジ 단무지 タクアン
キムチとともにタクアンは、ラーメンに欠かせない付け合わせ。

  キムチ 김치 キムチ

photo column5
小さな市場の屋台街

ガイドブックにも出ていない、地元の人しか利用しないような小さな市場に行くと、韓国人の暮らしぶりがよくわかります。私がよく出かける下町市場の奥には、14〜15人は座れそうなカウンターが4基ほど集まった屋台街があり、働き者のおばちゃんたちが切り盛りしています。下町なのでお客さんも人なつっこい人が多く、日本人観光客が来ると「この焼酎を一気で飲んでみろ」とか「この(辛い)唐辛子を食べてみろ」など、なんだかんだと世話を焼いてくれるでしょう。

ソウル東部の外れにある江東区の千戸市場(チョノシジャン)の屋台街

鄭 銀淑（チョン・ウンスク）
1967年、韓国生まれ。世宗大学院・観光経営学修士課程修了後、日本留学。現在はソウルで執筆、翻訳、取材コーディネートを行なう。著書に『韓国の美味しい町』（光文社）、『マッコルリの旅』（東洋経済新報社）、『韓国旅行会話ハンドブック』（池田書店）、『本当はどうなの？ 今の韓国』（中経出版）、『韓国・下町人情紀行』（朝日新聞社）など。訳書に『家庭で作れる「チャングム」の韓国宮廷料理』など。asahi.com 国際ページでコラム連載中。
http://www.k-word.co.jp

カバー・本文デザイン：田中明美
写真：キーワード

おいしい韓国語
かんこくご

2009年2月20日　第1刷発行

著　者　鄭銀淑（チョン・ウンスク）
発行者　前田俊秀
発行所　株式会社　三修社
　　　　〒150-0001 東京都渋谷区神宮前2-2-22
　　　　TEL 03-3405-4511　FAX 03-3405-4522
　　　　振替 00190-9-72758
　　　　編集担当　北村英治

印刷・製本　凸版印刷株式会社

©Jung Eunsook 2009 Printed in Japan
ISBN978-4-384-04235-1 C0087

〈日本複写権センター委託出版物〉
本書を無断で複写複製（コピー）することは、著作権法上の例外を
除き、禁じられています。本書をコピーされる場合は、事前に日本
複写権センター（JRRC）の許諾を受けてください。
JRRC 〈http://www.jrrc.or.jp〉
e-mail : info@jrrc.or.jp　電話：03-3401-2382〉